Rüdiger Günttner

Ein Mathematiker im Himmel!

Vergnügliches und Erstaunliches - im Himmel, wie auf Erden.

Bibliografische Information der Deutschen Nationalbibliothek:
Die Deutsche Nationalbibliothek verzeichnet diese Publikation
in der Deutschen Nationalbibliografie; detaillierte bibliografische
Daten sind im Internet über http://dnb.dnb.de abrufbar.

Cartoons von Hannes Mercker

Herstellung und Verlag: BoD – Books on Demand, Norderstedt

ISBN: 978-3-7578-1597-4

Für:

Ingild, Vera, Tanja, Ingelore, Fred, Thomas, Margarethe, Ansgar, Wolfgang, Birgit, Cornelia, Lutz, Maren, Linus, Ilka, Mona, Romina, Sascha, Bennett, Uschi, Dennis, Mattis, Anouk, Birte, Javis, Beatrix, Bernhard, Michael, Harald, Jaqueline, Leah, Yvonne, René, David, Jonas, Marlies, Nils, Lennart, Benedikt, Annette, Karin, Burkhard, Klaus, Uwe, Fabian, Anja, Carsten, Algima, Christian, Anna, Caroline, Carla, Johannes, Maria, Henry, Anne, Ella, Michel, Rudi, Leonhard, Martina, Lothar, Inge, Nicole, Dirk, Annika, Peter, Marie, Margot, Norbert, Kerstin, Maria Anna, Katharina, Sabine, Horst, Carina, Holger, Ira, Winfried, Stephan, Elmar, Hanna, Claudia, Hedwig, Mirko, Daniel, Sigrid, Alexander, Jens, Hadrian, Solveig, Christa, Mathilde, Ruth, Stefan, Franz, Robert, Erwin, Elisabeth, Dominik, Kurt, Irmgard, Rosemarie, Herbert, Julia, Björn, Judith, Sylvia, Friedrich, Tim, Oliver, Theresa, Stefanie, Norbert, Heinz, Markus, Jonathan, Lore, Konrad, Ricarda, Sabrina, Annegret, Rolf, Sigurd, Joachim, Bernadette, Karlheinz, Jürgen, Dieter, Petra, Willi, Agathe, Hartmut, Gertrud, Uwe, Anke Hans, Matthias, Gaidis, Sigrid, Werner, Manuela, Hans-Jürgen, Gisbert, Wolfram, Gerti, Erika, Bernd, Bianca, Ralf, Hildegard, Renate, Detlef, Astrid, Elke, Simon, Rosina, Dagmar, André, Walter, Egon, Andreas, Almut, Wilfried, Günter, Ernst, Gerhard, Marco, Christine, Bastian, Evelyn, Boris, Reinhard, Marga, Daniela, Hugo, Corinna, Gudrun, Gisela, Martin, Gerald, Nadine, Jasmin, Natalia, Josef, Hauke, Dayana, Helene, Carola, Hubert, Kirsten, Anna-Sophie, Hannes, Udo, Heribert, Ingeborg, Axel, Rudolf, Elena Heike, Wilhelm, Dietmar, Alvaraz, Christel, Barbara, Gabriele, Alfred, Christoph, Frank, Mark, Lara, Xaver, Lydia, Mechthild, Ludwig, Ursula, Franziska, Lisa, Fritz, Rüdiger, Lorenzo, Ute, Agnes, Irene, Lars, Hans-Ulrich, Ida, Silke, Tarek, Jannik, Kevin, Max, Pauline, Nelly, Ole, Jana, Larissa, Arne, Anastasia, Nina, Emily, Rahel, Sebastian, Mandy, Evelin, Dorian, Vivien, Hasan, Jocelyne, Henrik, Paula, Hannah, Helen, Merle, Inga, Yasin, Tamara, Tarik, Malte, Nikolas, Emma, Tristan, Denise, Michelle, Kim, Alina, Jorrik, Fabienne, Franca, Isabell, Daniele, Fynn, Jennifer, Erik, Lukas, Gera, Nele, Ahmed, Dietrich, Sergej, Julina, Emilia, Marina, Joelyn, Jan, Raissa, Matthew, Jörg, Marcin, Merlin, Gunnar, Mathias, Lena, Björn, Tomma, Irina, Laura, Arun, Volker, Louisa, Manfred, Katrin, Olesya, Johanna, Anton, Melanie, Liselotte, Marvin, Lucas, Sven, Emely Malin, Elisa, Josua, Janna, Luisa, Celine, Mina, Greta, Marla, Sophie, Leoni, Svenja, Marlene, Antonia, Clemens, Mia, Frederike, Ariane, Diana, Saskia, Anita, Yannik, Leander, Isabella, Jill, Paul, Clara, Leo, Noah, Sophia, Kai und Lina.

Inhaltsverzeichnis

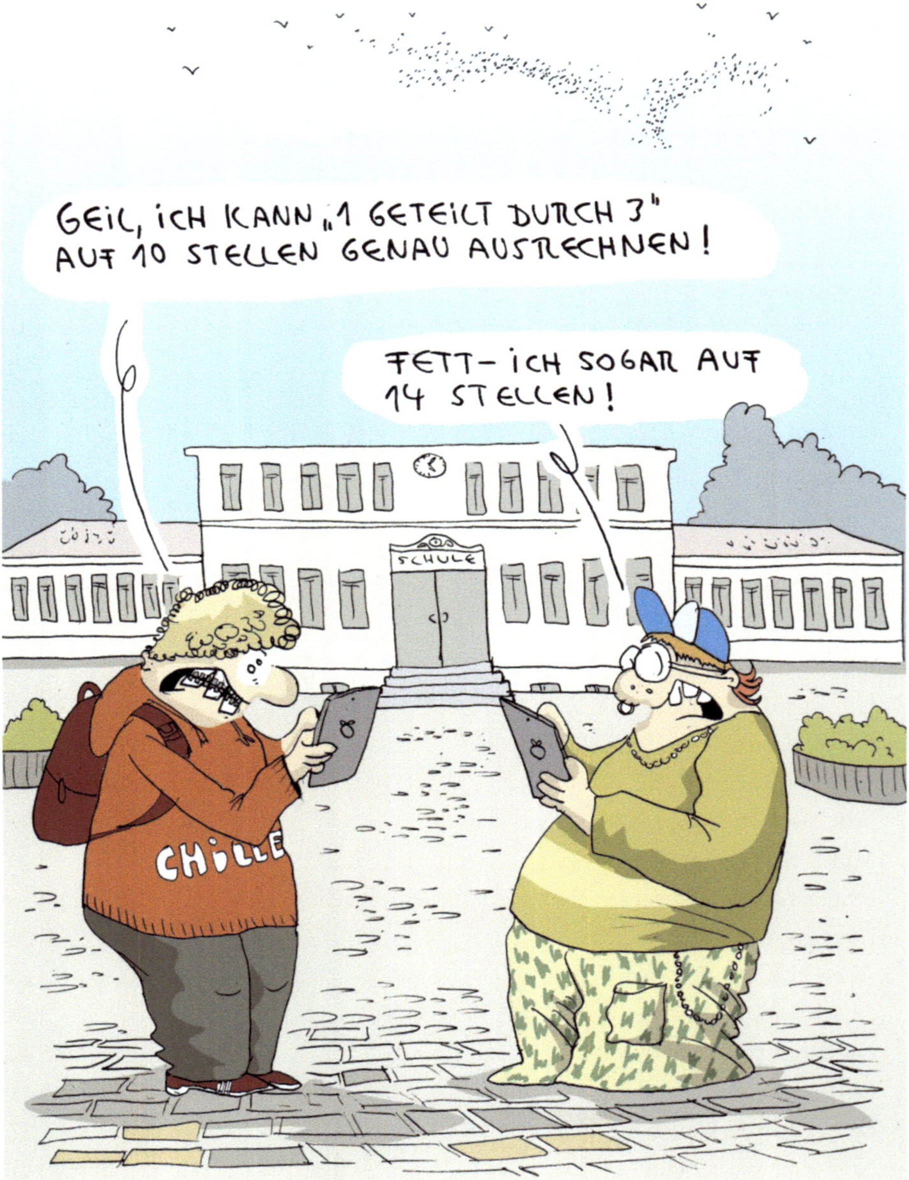

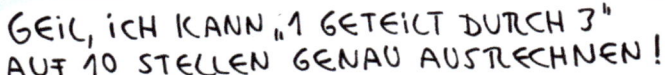

Vorwort oder Medizynischer Beipackzettel

Es gibt Bücher für Mathematiker, und es gibt Bücher für Andersdenkende! Dies ist nun endlich ein Buch für alle beide, wenn Sie nur Folgendes beachten:

SMS Beim Lesen dieses Buches sollten Sie vor allem die Bedeutung der Abkürzung 'SMS' berücksichtigen! So eine SMS bedeutet für die meisten, was Sie beim Erhalt einer Nachricht sowieso oft denken:

1.
> SAG'S MIR SPÄTER!

Lassen Sie solche eingerahmten Texte unberücksichtigt! Die Kurznachrichten enthalten nämlich mehr oder weniger konzentrierte mathematische Inhalte. Diese führen gelegentlich schon in geringer Menge zu Unwohlsein (*häufig*).

Bei anderen wiederum erzeugen solche Texte euphorische Zustände (*selten*). Dies mag dann als Nebenwirkung erwünscht sein. Für diese Leser ist eine 'SMS' wie eine 'SCHOKOLADENTORTE MIT SAHNE' oder eine Akürzung für

2.
> SHORT MATHEMATICAL SERVICE!

Die Einnahme des Präparats ist in <u>beiden</u> Formen möglich!

Erschrecken Sie bitte nicht, wenn Sie plötzlich über Mathematik sprechen. Das ist gar nicht so schlimm und kann manchmal auch ansteckend wirken.

Medikation und Anwendung

Mathephobie in allen bisher bekannten Ausprägungen: Darreichungsform **1.**
Substitutionspräparat für Süchtige nach Mathe-Entzug: Darreichungsform **2.**

Die Einnahme kann auch mit Taschenrechner erfolgen, ansonsten vertrauen Sie dem Hersteller. Meine Ideen für die Cartoons wurden mit Geduld und sehr viel Liebe zum Detail vom Auftragszeichner Hannes Mercker umgesetzt.

Im übrigen gelten aber die seitenlangen und mit voller Absicht ermüdenden 'Allgemeinen Geschäftsbedingungen'. Lassen Sie mich kurz zusammenfassen:

Garantie wird nicht übernommen, bei Nutzung tragen Sie das volle Risiko.

Lesen Sie wohl!

Freitag 12 B

Unvorsichtig Ich streite gerne mit Kirsten, einer Freundin meiner Frau! Kirsten hat nämlich Mathematik studiert und ist trotzdem abergläubisch. Das ist schlimmer als Lottospielen, von Berufs wegen irgendwie undenkbar.

Heute war es mal wieder so weit: Es war schlicht und einfach Freitag, der 13.

Die Erde drehte sich nicht langsamer, und die Sonne erschien mir wie immer. Nicht so für Kirsten, sie versuchte nur, dem Unglück so gut wie möglich auszuweichen! Vermutlich hatte sie heute mit ihrer extrem vorsichtigen Fahrweise auf dem Weg zu uns fast wieder eine Staumeldung verursacht.

Solche nervenden 'Schmidtchen Schleicher' gibt es natürlich auch an anderen Wochentagen, aber tatsächlich sollen am Freitag, dem 13., auffällig weniger Unfälle passieren. Das wäre dann interessanterweise mal eine Prophezeiung, die sich nicht selbst erfüllt, sondern ad absurdum führt!

„Wann ist eigentlich immer so ein Freitag, der 13.?", fragte mich Kirsten. „Immer wenn Samstag, der 14. ist!", antwortete ich und grinste. Sie zog mir eine Grimasse und wollte genauer wissen, *wie oft* es im Jahr passieren könne.

„Pro Jahr geschieht das höchstens dreimal, das weiß doch eigentlich jeder", sagte ich, (glücklicherweise hatte es gerade heute in der Zeitung gestanden)! „Das kommt mir viel häufiger vor, aber *Du* kannst das sicher beweisen?", fragte sie schnippisch.

„Kann auch jeder", schnippelte ich zurück, wurde jedoch gleich vorsichtiger: „Leider kann *man* aber an einem Freitag, dem 13., gar nicht richtig denken." „Du meinst *Männer*!", betonte sie und trat vorsichtig ins Freie. „Mach's gut, bis nächste Woche, aber dann bitte 'Butter bei die Fische'!"

Vielleicht war ich etwas unvorsichtig gewesen? Doch ihr Stichwort 'Butter' erinnerte mich an die Geschichte zweier Frösche, die versehentlich in einen Topf Sahne gefallen waren. Der eine gab sofort auf und ertrank. Der andere, mathematisch trainiert, strampelte so lange, bis die Sahne zu Butter wurde. Dann sprang er aus dem Topf.

Wenn ich eines im Mathematikstudium gelernt habe, dann ist es Ausdauer! Aber das wusste Kirsten aus eigener Erfahrung nur zu gut. Doch jetzt hatte *ich* den schwarzen Peter in der Hand! Pech gehabt, es war ja Freitag, der 13.

Gehen wir der Sache doch mal richtig auf den Grund:

Die Tabelle Hier zusammengefasst das Ergebnis all meiner Bemühungen!

Jeweils folgende Monate eines Jahres beginnen mit dem gleichen Wochentag:

Normaljahr:

1	Januar, Oktober
2	Mai
3	August
4	Februar, März, November
5	Juni
6	September, Dezember
7	April, Juli

Schaltjahr:

1	Januar, April, Juli
2	Oktober
3	Mai
4	Februar, August
5	März, November
6	Juni
7	September, Dezember

Am einfachsten vergleichen Sie meine Ergebnisse mit irgendeinem Kalender!

Oder Sie rechnen es *mühsam* anhand der Monatslängen aus! Wählen wir ein Normaljahr, also mit einem 28-tägigen Februar.

Sei beispielsweise der 1. Januar ein **Do**nnerstag:

> **SMS** Auch am 8., 15., 22. und 29. Januar ist Donnerstag. 3 Tage später am 1. Februar ist folglich ein **So**nntag! 4 Wochen später am 1. März ist wieder ein **So**nntag, wie auch 28 Tage später am 29. März. 3 Tage später erhalten wir am 1. April einen **Mi**ttwoch! Der April hat $30 = 28 + 2$ Tage. Vom Mittwoch 2 Tage weiter ergibt das nun für den 1. Mai einen **Fr**eitag! Der Mai hat $31 = 28+3$ Tage. Vom Freitag aus 3 Tage weiter erhalten wir einen **Mo**ntag für den 1. Juni! Sie sehen, wie der Hase läuft ... ?

1.Jan.	1.Febr.	1.März	1.April	1.Mai	1.Juni	1.Juli	1.Aug.	1.Sept.	1.Okt.	1.Nov.	1.Dez.
Do	**So**	**So**	**Mi**	**Fr**	**Mo**	**Mi**	**Sa**	**Di**	**Do**	**So**	**Di**

Wir notieren jetzt, dass Januar und Oktober *mit demselben Wochentag,* einem Donnerstag beginnen (Zeile 1). Ebenso beginnen die Monate Februar, März und November *mit demselben Wochentag,* einem Sonntag (Zeile 4).

Aber wenn nun beispielsweise der 1. Januar ein Freitag ist? Dann verschiebt sich der 1. Februar vom Sonntag auf einen Montag, so wie auch der 1. März. Der 1. April wird ein Donnerstag. Natürlich *verschiebt* sich alles um 1 Tag!

Eine Verschiebung ändert aber nichts daran, dass Januar und Oktober mit demselben Wochentag beginnen! Wie auch Februar, März und November usw. Kurzum, an der obigen Tabelle vom Normaljahr ändert sich überhaupt nichts!

Auf analoge Weise erhält man rechts daneben die Tabelle für ein Schaltjahr.

Noch ein Wort zur Anordnung der Zeilen 1 – 7:

Die Wochentage sind als *Wochenzyklus*(!) geordnet: Ist in einem Normaljahr z. B. der 1. Januar ein Donnerstag, dann ist der 1. Mai ein Freitag, der 1. August ein Samstag, der 1. Februar, März und Nov. ein <u>Sonntag</u>, usw.

Was ist mit Freitag, dem 13. ? *Ist der 1. Tag eines Monats ein <u>Sonntag</u>, dann gilt das auch für den 8. Tag. Und 5 Tage später ist dann Freitag, der 13.*

Eine Monatsgruppe besteht aus bis zu 3 Monaten. Demnach ist höchstens dreimal, aber mindestens einmal im Jahr ein Freitag, der 13. Das war's schon!

Geht noch mehr? Wenn irgendwelche Monate mit dem gleichen Wochentag beginnen, stimmen ihre Wochentage natürlich auch an einem 17. überein. Und wer z.B. im Monat Oktober Geburtstag hat, kennt den betreffenden Wochentag bereits im Januar! Bei einem Schaltjahr müssen er oder sie nur einen Wochentag weiter zählen.

Gib mir den Rest Vielleicht haben Sie es beim Erstellen der Tabelle bereits erkannt. Von Bedeutung waren allein die *Reste* bezüglich der Zahl $m = 28$. Januar: $31 = 28 + 3$, Februar: $28 = 28 + 0$, April: $30 = 28 + 2$, etc.

Ähnliche Rechnungen kennen Sie aus dem Alltag: Heute sei Mittwoch. In 10 Tagen fliegen Sie endlich in den Urlaub! Was ist das dann für ein Wochentag $(m = 7)$? Oder: Es ist genau 22 Uhr. Um 8 Uhr müssen Sie am Flughafen sein! Wie viel Stunden haben Sie bis dahin noch Zeit $(m = 24)$? Und geht es um Minuten, rechnet man meistens mit $m = 60$.

> **SMS** Der Mathematiker nennt das 'Rechnen mit Rest' oder 'modulo m':
>
> $[a]_m = r$ bedeutet: a lässt nach Teilen durch m den Rest r.
>
> $a \equiv b \bmod m$ bedeutet: $a - b$ ist durch m teilbar (ein Vielfaches von m)

Aber nun zum angeblichen Unglück zurück:

Japaner fürchten sich vor der Zahl 4, denn das Wort 'shi' für die Zahl 4 bedeutet im Japanischen auch 'Tod'.

Kreuzten Sie auf ihrem Lottoschein noch nie das Feld mit der Zahl 13 an? *Glück* gehabt, denn bisher wurde die 13 tatsächlich am wenigsten gezogen! Allerdings, die allererste Zahl der allerersten Lottoziehung am 9. Oktober 1955 war die 13.

Zum Aussuchen Suchen Sie in Spanien einen anerkannten Unglückstag, ist es dort *Dienstag, der 13.*, im ebenso sonnigen Italien aber *Freitag, der 17.* Mit der gleichen vorigen Argumentation ist klar, dass auch diese speziellen Tage mindestens einmal, aber höchstens dreimal im Jahr auftreten werden.

Angebliche Unglückszahlen vermeidet man meistens bei Nummerierungen, etwa bei Nummern eines Stockwerks oder Schiffsdecks. Als bei einem Besuch von Queen Elizabeth II. der Sonderzug am Bahnhof Hannover in Gleis 13 einlaufen sollte, bezeichnete man dieses Gleis an jenem Tage als Gleis **12 B**! Wahrscheinlich wäre die Königin an einem Freitag, dem 13., erst gar nicht angereist, denn einen Freitag 12 B gibt es für sie auch in Hannover noch nicht!

Entsprechendes gilt in Italien: Keine 17. Etage, keine Reihe 17 im Flugzeug, und der Renault 17 wurde dort seinerzeit als Renault 117 verkauft!

Jedenfalls habe ich Freitag, den 13., zu meinem Glückstag erklärt und muss nur darauf aufpassen, die Glücksfälle auch zu registrieren! Als zum Beispiel Kirsten das Haus verließ, hörte ich im Radio, dass mein Fussballverein gewonnen hatte. Sag ich doch, die Anhänger des anderen Vereins mögen es gerne anders sehen.

Glück oder Unglück ist meiner Meinung nach auch eine Frage der Einstellung. Im Grunde genommen weiß man nie im Voraus, wozu etwas gut war!

Und schließlich lebt auch niemand auf dieser großen weiten Welt vergebens:

Er kann immer noch als schlechtes Beispiel dienen!

Jolly Jumper spielt Billard

Der kluge Jolly Jumper Die Hütte des berühmten Cowboys Lucky Luke sehen Sie auf der Karte einer ziemlich trostlosen Wüste als Punkt L markiert!

Die berüchtigten vier Dalton–Brüder hausen für gewöhnlich beim Punkt D, wenn sie nicht gerade hinter Gittern sitzen. Lucky Luke will sie heute mal wieder besuchen, um ihre finsteren Pläne zu durchkreuzen und alle vier Hüte mit einem einzigen gezielten Schuss zu durchlöchern.

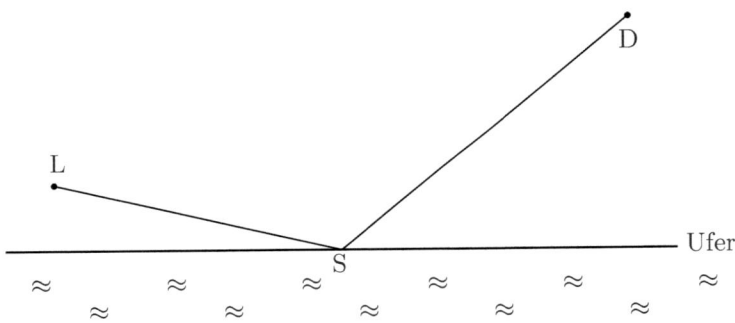

Sein schlaues Pferd Jolly Jumper kennt den Weg dorthin schon im Schlaf. Der Weg führt allerdings zuerst immer zum einzigen Fluss dieser Gegend, um die Wasservorräte aufzufüllen. Natürlich ist es über S nach D ein Umweg, aber das pfiffige Pferd wählt ihn selbstverständlich so kurz wie nur möglich! Die obige Skizze zeigt diesen *schnellsten* Weg noch nicht, aber die folgende:

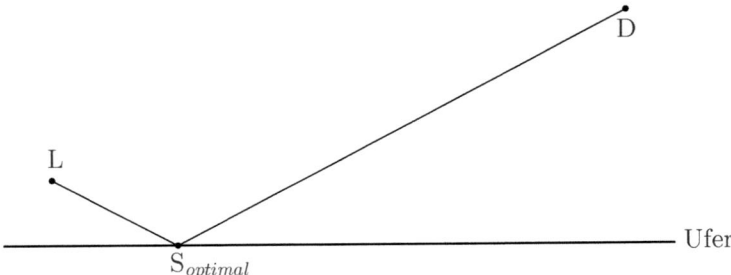

Es ist der Weg einer Billardkugel von L über die Bande (Ufer) direkt nach D! Oder Sie schicken einen Lichtstrahl von L über einen Spiegel (Ufer) nach D, also Einfallswinkel gleich Ausfallswinkel! Aber ist dieser Weg wirklich kürzer, und wer kann schon Billard? Lässt sich $S_{optimal}$ finden ohne langes Probieren?

Der Spiegeltrick Der gesuchte Punkt $S_{optimal}$ ist ganz schnell gefunden, wenn Sie L an der Ufergeraden spiegeln! Bezeichnen wir den Spiegelpunkt mit $L_{spiegel}$. Die Verbindungslinie von $L_{spiegel}$ nach D schneidet dann die Uferlinie im gesuchten Punkt $S_{optimal}$:

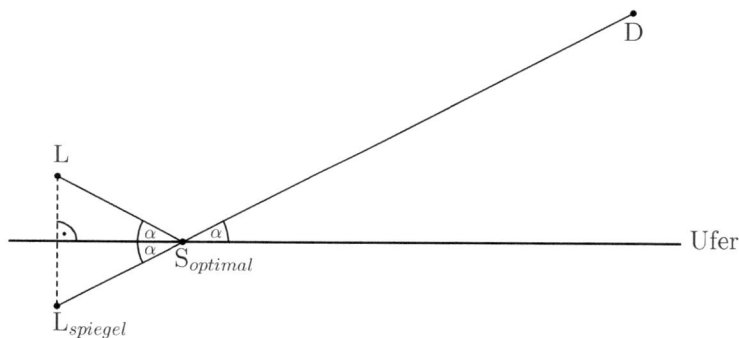

Schicken wir nämlich nun die Billardkugel von L über $S_{optimal}$ zum Punkt D, so ist offensichtlich der Einfallswinkel α gleich dem Ausfallswinkel α!

Aber ist dies auch der *kürzeste Weg?* Wählen wir einen anderen Punkt S und schieben ihn gedanklich hin und her. Dann gilt jedenfalls immer:

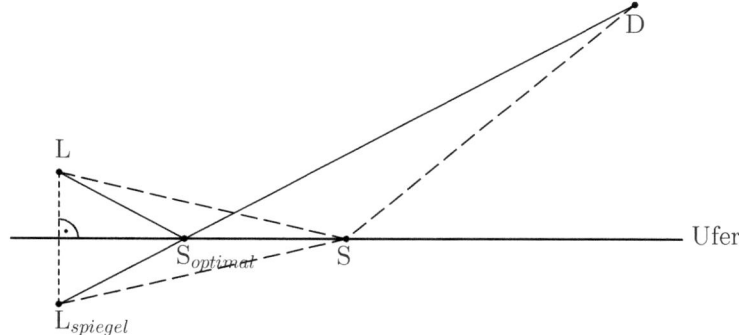

Von L über S nach D ist es genau so weit wie von $L_{spiegel}$ über S nach D!

Und der kürzeste Weg von $L_{spiegel}$ nach D ist die Strecke über $S = S_{optimal}$.

SMS *Das ist allseits bekannt als 'Dreiecksungleichung'.*

Lotto oder die Ziehung eines Millimeters

Wer nicht wagt, der nicht verliert *Sollte man überhaupt Lotto spielen?* Meine Großeltern taten es jedenfalls regelmäßig. Jedes Wochenende warteten sie gespannt auf die Ziehung der Lottozahlen. Dann hörte ich solche Ausrufe wie „ganz knapp", „beinah", „verdammt noch mal" und weniger zivilisierte Ausrufe, während ich gespannt zuhörte – denn die zweite Million wäre für mich, sagten sie immer fürsorglich. Leider kam es nie zu einer ersten Million. Ich hätte es ihnen wirklich gegönnt, schon aus eigenem Interesse!

Eigentlich lohnt es sich gar nicht, über einen Hauptgewinn nachzudenken. Die Wahrscheinlichkeit hierfür ist geringer als vorher im Straßenverkehr tödlich zu verunglücken. Ein besserer Tipp: Tragen Sie helle Winterkleidung!

Es gibt bekanntlich $\binom{49}{6} = 13\,983\,816$ verschiedene Lottoziehungen (vgl. S. 45). Mein Freund Michael fand folgende Veranschaulichung für den Hauptgewinn: Laufen Sie eine Strecke von 13 Kilometern, 983 Metern und 816 Millimetern! Umgerechnet sind das exakt 13 983 816 Millimeter. Wählen Sie sich nun unterwegs einen Millimeter aus und hoffen Sie dann, dass die anschließende *'Ziehung eines Millimeters'* von rund 14 Kilometern Ihren Millimeter trifft!

Aber warum gewinnt dann so oft *irgend jemand* '6 Richtige'? Weil es einfach Millionen von Teilnehmern gibt, die auf der Strecke von fast 14 Millionen Millimetern einen Strich machen. Da trifft dann fast zwangsläufig *irgend jemand* die richtige Stelle! Schwieriger wird es für '6 Richtige mit Superzahl': 'Die Strecke' hierfür beträgt rund 140 Millionen Millimeter beziehungsweise 140 Kilometer, im Vergleich zu 1 Millimeter für den erhofften Super–Gewinn.

Man sollte auch ein wenig über allgemeine Fragen dieses Spiels nachdenken! Vielleicht lässt sich danach die Anfangsfrage etwas leichter beantworten. Denn hier spielen nicht nur mathematische, sondern auch psychologische und soziale Dinge eine Rolle:

Die erste Falle Hat man erst einmal begonnen, einen oder mehrere Tipps abzugeben, steht man beim nächsten Mal schon vor dem großen Problem: Soll ich die alten Tipps beibehalten oder mir mehr oder weniger mühsam neue Zahlen ausdenken? Wähle ich neue, gewinnen möglicherweise die alten! So bleibe ich lieber bei denselben Tipps. Das macht es anschließend nur noch schwieriger, irgendwann mit dem Lottospielen aufzuhören! Womöglich kommen dann nächste Woche 'meine Zahlen'?

Als Jugendlicher begann ich damit, mir die 'besten' Zahlen auszusuchen. Das waren natürlich jene Zahlen, die *häufiger* als andere gezogen wurden! Zu diesem Zweck fertigte ich eine Tabelle über alle gezogenen Zahlen an. Erst später erfuhr ich, dass solche Tabellen auch öffentlich zugänglich waren!

Außerdem begann ich, an meiner Strategie zu zweifeln. Sollte man nicht besser diejenigen Zahlen auswählen, die bisher *am wenigsten* gezogen wurden?

Irgendwann müsste sich doch alles ausgleichen. Allmählich wurde mir klar, dass es den Kugeln völlig egal war, was ich über sie dachte! Die Häufigkeiten ihres Auftretens zeigen tatsächlich bis heute keine auffälligen Schwankungen.

Ein faires Spiel? Mathematisch gesehen ist jeder Tipp gleichwahrscheinlich! Ob Sie nun würfeln, Geburtstage oder Lieblingszahlen verwenden, das ist egal. Ein Mathematikprofessor hat dieselbe Gewinnwahrscheinlichkeit wie jeder andere. So gesehen ist alles fair! Doch vielleicht ist es Ihnen schon passiert:

Sie haben gewonnen, aber diesmal sind die Gewinnquoten extrem niedrig. Drastisch ausgedrückt: Pinkeln Sie nach einem 'Sechser im Lotto' *nicht* auf den Schreibtisch Ihres Arbeitgebers, *bevor* Sie die Gewinnsumme kennen!

Hat man nämlich erst einmal verstanden, dass jeder Tipp die gleiche Gewinnwahrscheinlichkeit besitzt, tippt man gerne so etwas Verrücktes wie 1, 2, 3, 4, 5, 6. Das kann man sich leicht merken, doch leider sind inzwischen genügend andere auch so schlau, solche Tipps zu wählen. Je mehr das tun, um so geringer wird dadurch Ihre Gewinnquote! Wechseln Sie jetzt bitte nicht zum Roulette, aber wenn ich dort z.B. auf 'Rot' setze und 'Rot' fällt, dann kenne ich den Gewinnn bereits *vorher*!

Man kann beim Lotto zwar nicht die Gewinnwahrscheinlichkeit erhöhen, wohl aber die *Gewinnerwartung*, und das ist natürlich unfair: Man muss 'nur' diejenigen Zahlen vermeiden, die andere häufig verwenden. Sollte ich Ihnen diese Zahlen nennen, würden auch Sie solche Zahlen vermeiden und meinen Gewinn dadurch schmälern! Sie merken mal wieder:

Wissen ist Macht Das haben andere schon längst erkannt und daraus ein Geschäftsmodell entwickelt. Aus vielerlei Untersuchungen kennen sie die häufig wie auch die selten getippten Lottozahlen. Mit dem Geld ihrer Kunden finanzieren sie die 'seltenen' Tipps. Zu viele Kunden beziehungsweise Tipps dieser Art dürfen es dann aber auch wieder nicht sein, ansonsten werden die selten getippten Zahlen wieder zu den häufig getippten. Hier darf sich offensichtlich die Mathematik so richtig austoben!

Falls Sie es schon geahnt haben, ich spiele gar kein Lotto. Dadurch gewinne ich im Prinzip so viel wie ich einsetzen müsste! Das ist wirklich schon eine ganz gute Quote:

Denn so einfach, wie das auf den ersten Blick erscheint, ist das nämlich nicht! Vielleicht wissen Sie, dass nur die *Hälfte* des eingezahlten Geldes wieder ausgeschüttet wird! Um folglich auf Dauer mehr Gewinn ausbezahlt zu bekommen, als man eingesetzt hat, muss man sich ganz schön anstrengen. Ansonsten werden Sie im Durchschnitt nur die Hälfte Ihres Einsatzes zurückbekommen!

Die andere Hälfte des Geldes dient zur Deckung der allgemeinen Kosten, zum größten Teil aber *sozialen* Zwecken! Fassen wir kurz zusammen: Wie klug es ist, Lotto zu spielen, hängt finanziell gesehen von Ihnen ab.

Sozial ist es auf jeden Fall!

Ein Mathematiker im Himmel

> **SMS** **Ein Scherz** Als ein Mathematiker starb, erschienen ihm Petrus vor
> der Himmelstür und der Teufel vor dem Tor zur Hölle. „Komm nun zu mir",
> sagte Petrus zu ihm, „ich schenke dir ewige Seligkeit". „Komm doch zu *mir*",
> lockte der listige Teufel, „ich schenke dir einen Schluck Wasser".
>
> Der Mathematiker überlegte nur kurz: „Nichts ist besser als ewige Seligkeit,
> und ein Schluck Wasser ist besser als Nichts"! So ging er durch das Höllentor.

Himmel hilf In der Nähe meiner Studentenbude gab es eine große Kneipe,
die hieß 'Himmel'! Dort saß man abends in einer Wolke aus Zigarettenqualm,
denn das heutige Rauchverbot gab es damals noch nicht. So konnte man
kostenlos mitrauchen, und auch das Glas Bier war im Himmel recht preiswert!

Eines Abends spendierte mir ein älteres Semester ein Bier. Auch er quälte
sich durch das Studium. Gemeinsam beklagten wir unsere Situation, bis das
Gespräch auf die nächste Runde kam. "Lass' uns doch ein bisschen würfeln",
schlug er vor und holte mehrere Würfel aus der Jackentasche.

Es handelte sich um recht ungewöhnliche Würfel. Auf den sechs Seiten eines
jeden Würfels waren verschiedene Zahlen paarweise gegenüber zu erkennen.
Natürlich konnte ich sie mir nicht alle merken. Ich habe sie erst später bei
passender Gelegenheit heimlich abgeschrieben:

W_1 : 2, 2, 14, 14, 17, 17. W_2 : 7, 7, 10, 10, 16, 16.

W_3 : 5, 5, 13, 13, 15, 15. W_4 : 3, 3, 9, 9, 21, 21.

W_5 : 1, 1, 12, 12, 20, 20. W_6 : 6, 6, 8, 8, 19, 19.

W_7 : 4, 4, 11, 11, 18, 18.

Die sieben verschiedenfarbigen Würfel sahen schon etwas abgenutzt aus.
Vermutlich spielte er nicht zum ersten Mal um eine Runde Bier.

„Du darfst Dir den besten aussuchen", sagte er gönnerhaft und schob die
Würfel zu mir. Im Gegensatz zur Farbe waren die Zahlen noch deutlich zu
erkennen. Ich verglich sie, so gut ich konnte und entschloss mich dann für W_7,
ohne meine Wahl begründen zu können. Er wählte ohne großes Zögern den
hier mit W_6 bezeichneten Würfel. Wer die höhere Zahl würfelte, bekam einen
Bierdeckel. Und das geschah natürlich so lange, bis beide Gläser leer waren.

Die nächste Runde Die Karten bzw. Bierdeckel standen schlecht für mich. Die meisten hatten sich deutlich erkennbar bei meinem Mitspieler angehäuft. So bestellte *ich* eine Runde für uns. „Darf ich einen anderen Würfel wählen", sagte ich und nahm ihm W_6. Er grinste und wählte W_5. Wir prosteten uns zu und das Spiel begann von vorn. Dieses Mal machte ich aber den Vorschlag, dass jeder mit zehn Bierdeckeln beginnen solle, sozusagen als Einsatz. Wer gewann, bekam einen Deckel des anderen, bis schließlich einer blank war, also alle Deckel verloren hatte.

Das Ende des Spiels wurde diesmal nicht von unserer Trinkfreude bestimmt. So ging es hin und her mit den Bierdeckeln, aber auch dieses Mal war mir das Glück nicht hold. Noch bevor mein Bierglas leer war, war ich am Ende!

Um es ganz kurz zu machen, die nächste Runde ging also wieder an mich: Ich verlangte nun seinen Würfel W_5, wonach er schulterzuckend W_4 nahm. Tatsächlich gewann ich diese Runde, sodass ich bei W_5 blieb, – er bei W_4! Prompt verlor ich dieses Mal. Nun aber ich mit W_4 und er siegte mit W_3. Mit W_3 verlor ich gegen W_2. Resigniert nahm ich W_2 und er gewann mit W_1!

„Was machst du denn nun, wenn ich W_1 wähle", fragte ich ihn schnippisch! „Dann fange ich von vorne an und nehme W_7", sagte er. Ich glaubte es nicht und verlor tatsächlich auch diese Runde! Das wurde alles zu viel für mich, vor allem das viele Bier, und schwer mitgenommen verließ ich den Himmel.

Inzwischen weiß ich, dass er anstelle von W_7 auch mit W_6 oder W_4 hätte gewinnen können, aber dazu später mehr. Ich habe einfach nur die damalige, mir inzwischen entfallene Reihenfolge hier durch eine übersichtlichere Reihenfolge ersetzt.

Geteiltes Leid Es war ja nicht so, dass ich mein Studium nur im Himmel verbrachte, denn zwischendurch war mit Vorlesungen, Arbeitsblättern und ähnlichem genug zu tun. Doch wenige Abende später war ich wieder dort und fand meinen Mitspieler in einer der vielen verwinkelten, aber gemütlichen Ecken der Kneipe, wie er mit einem anderen um die nächste Runde würfelte. Er grüßte fast überschwänglich und lud mich ein zu einer Runde *zu dritt*! Der andere Mitspieler schien froh, etwas Abwechslung und Unterstützung gefunden zu haben. Auch er hatte gerade eine Runde ausgeben müssen. Als Spielregel vereinbarten wir ganz analog:

Würfelte man weniger als ein Mitspieler, musste man diesem einen Deckel abgeben. Im ungünstigsten Falle verlor man dann also auch zwei Deckel!

Wer zuerst alle seine zehn Bierdeckel verloren hatte, zahlte die neue Runde!

Als mein neuer Mitspieler den Würfel W_1 nahm, wählte ich natürlich W_7, denn ich erinnerte mich an mein letztes verlorenes Spiel mit W_1. Unser 'Gastgeber' entschied sich ohne langes Zögern für W_6. Nun ging es los. Unentschieden gab es nie, denn die Zahlen auf verschiedenen Würfeln waren verschieden. Und am Ende dieses Spiels war tatsächlich W_1 ohne Bierdeckel!

Leider wusste ich von unserem vorigen Treffen die Würfel und ihre Spielstärke nicht mehr alle im Kopf, so dass es bald auch mich erwischte! Doch hatte ich zumindest die Zahlen der Würfel bei passender Gelegenheit heimlich notiert. Allerdings lagen meine Notizen zu Hause, und allmählich wurde es teuer.

Denn nur ich und mein neuer Mitspieler wurden 'finanziell erleichtert'!

Alsbald verabschiedete ich mich unter einem Vorwand und ging nach Hause. Es ließ mir keine Ruhe mehr:

Was wurde hier eigentlich gespielt?

Gar nicht so schwierig Vergleichen wir z.B. die beiden Würfel W_1 und W_7:

SMS Würfel W_1 liefert 3 gleichwahrscheinliche Ergebnisse 2, 14 und 17. Und im Falle W_7 handelt es sich um die drei Zahlenwerte 4, 11 und 18. Die Kombination liefert 9 mögliche, gleichwahrscheinliche Wurfergebnisse:

$$(2|4), (2|11), (2|18), \quad (14|4), (14|11), (14|18), \quad (17|4), (17|11), (17|18),$$

wobei wir das Ergebnis von W_1 als erste Zahl notierten, von W_7 als zweite! Die größere Zahl gewinnt, das bedeutet:

W_1 gewinnt in 4 von 9 Fällen: $(14|4), (14|11), (17|4), (17|11)$.
W_7 gewinnt in 5 von 9 Fällen; $(2|4), (2|11), (2|18), (14|18), (17|18)$.

Die Gewinnwahrscheinlichkeit für W_1 beträgt $\frac{4}{9} = 0{,}444\ldots$ oder rund 44 %, Die Gewinnwahrscheinlichkeit für W_7 beträgt $\frac{5}{9} = 0{,}555\ldots$ oder rund 56 %.

Der Unterschied erscheint auf den ersten Blick nicht allzu groß. Beim Spiel gibt es ein Hin und Her, aber *auf Dauer wird W_7 gegen W_1 gewinnen!* Notieren wir diesen Sachverhalt abkürzend mit einem Pfeil:

$$W_7 \longrightarrow W_1$$

Das wirklich Überraschende an diesem Spiel erkennen wir erst, wenn wir auch die Stärke der übrigen Würfel untereinander vergleichen. Das macht viel Mühe, lässt sich aber leicht in einem Pfeildiagramm zusammenfassen:

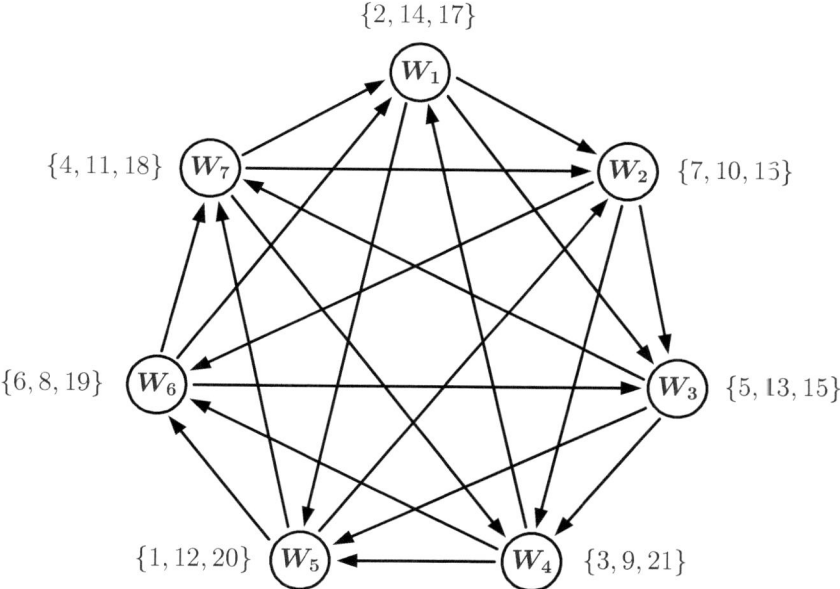

Hiermit liegen die Karten offen auf dem Tisch. Die wichtigste Erkenntnis:

Zu jedem ausgewählten Würfel gibt es (mindestens) *einen besseren* Würfel!

Woraus man nicht schließen darf, dass es einen *besten* Würfel gibt, sondern: Wer sich als erster einen Würfel aussucht, hat gegen einen eingeweihten Gegenspieler bereits verloren! Kurz ausgedrückt, der 'Anfänger' verliert. Und in der komplizierten Kette von Beziehungen gibt es so viele Zyklen, dass sie der Anfänger nur sehr schwer erkennen kann!

Was dieses Spiel noch mehr kompliziert: Es gibt hier sogar zu je *zwei* Würfeln einen dritten Würfel, der beide Würfel übertrumpft.

Wer die Wahl hat, hat die Qual Halten Sie das bitte nicht alles nur für reine Spielerei! Falls Sie beispielsweise aus mehreren Kandidaten den besten aussuchen wollen, treten nämlich ähnliche Probleme auf.

Das Endergebnis einer Wahl hängt oft entscheidend davon ab, wie und in welcher Reihenfolge gewählt wird, so dass am Schluss der Sieger seinen Sieg dann nur der Wahlordnung verdankt. Eine beste Wahlordnung gibt es nicht! Diesbezügliche Forschungen und Ergebnisse füllen Regale mit Büchern!

Viele Varianten Versuchen Sie doch einmal selber, sich entsprechende Würfel auszudenken. Dann werden Sie bald ins Schwitzen geraten, denn es erfordert Kenntnisse aus Zahlentheorie, Kombinatorik, Wahrscheinlichkeitsrechnung und vor allem unglaublich viel Geduld. Daher möchte ich Ihnen schon einmal einige besonders schöne Ergebnisse zur Nachprüfung vorstellen:

	W_1	W_2	W_3	W_4
I.	7, 7, 7, 7, 1, 1.	6, 6, 5, 5, 4, 4.	9, 9, 3, 3, 3, 3.	8, 8, 8, 2, 2, 2.
II.	1, 1, 5, 5, 5, 5.	3, 4, 4, 4, 4, 5.	3, 3, 3, 3, 6, 6.	2, 2, 2, 5, 6, 6.
III.	5, 5, 5, 2, 1, 1.	4, 4, 4, 4, 1, 1.	4, 3, 3, 3, 3, 2	6, 6, 2, 2, 2, 2.
IV.	2, 2, 3, 3, 9, 10.	0, 1, 7, 8, 8, 8	5, 5, 6, 6, 6, 6.	4, 4, 4, 4, 12, 12.
V.	1, 2, 3, 9, 10, 11.	0, 1, 7, 8, 8, 9.	5, 5, 6, 6, 7, 7.	3, 4, 4, 5, 11, 12.
VI.	0, 0, 4, 4, 4, 4	3, 3, 3, 3, 3, 3.	2, 2, 2, 2, 6, 6	1, 1, 1, 5, 5, 5.

Das sind hier nur jeweils vier Würfel, aber für jede dieser sechs Gruppen gilt:

$$W_1 \longrightarrow W_2 \longrightarrow W_3 \longrightarrow W_4 \longrightarrow W_1$$

Schnick, Schnack, Schnuck Für einen Zyklus ohne einen besten Würfel benötigt man mindestens drei Würfel. Hier vier Beispiele dieser Art:

	W_1	W_2	W_3
I.	3, 3, 5, 5, 7, 7.	2, 2, 4, 4, 9, 9.	1, 1, 6, 6, 8, 8.
II.	1, 4, 4, 4, 4, 4.	3, 3, 3, 3, 3, 6.	2, 2, 2, 5, 5, 5.
III.	2, 2, 4, 4, 9, 9.	1, 1, 6, 6, 8, 8.	3, 3, 5, 5, 7, 7.
IV.	2, 2, 2, 2, 6, 6.	1, 1, 5, 5, 5, 5.	3, 3, 3, 4, 4, 4.

Allerdings wird Ihr Gegenspieler das unfaire Spiel nun schnell durchschauen: Es entspricht nämlich dem beliebten Kinderspiel „Stein, Schere und Papier", auch bekannt als „Schnick, Schnack, Schnuck". Mit diesem Zählreim entscheiden sich die beiden Spieler für eines der drei Symbole Stein (= Faust), Schere (= gespreizte Zeige-/Mittelfinger) oder für Papier (= flache Hand).

Ergebnis: Stein schlägt Schere, Schere schlägt Papier, Papier schlägt Stein.

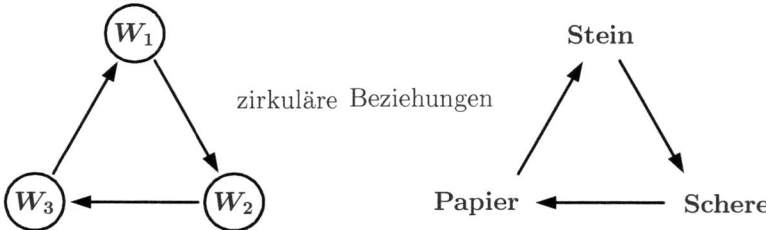

Nun stellen Sie sich vor, Ihr Gegenspieler schlägt vor, Sie 'dürften' sich zuerst Stein, Schere oder Papier auswählen. Anschließend träfe dann er seine Wahl!

Diese unfaire Vorgehensweise nutzen aber die beschriebenen Spiele mit den Würfeln. Deren Wahl müsste ebenfalls *gleichzeitig* oder rein zufällig erfolgen!

Das Spiel ist aus Meine Erkenntnisse waren einer kleinen Belohnung im Himmel wert. Glücklicherweise hatte ich auch mein mühsam erarbeitetes Pfeildiagramm (Seite 17) eingesteckt, denn tatsächlich betraten der Würfelinhaber und ich fast zeitgleich das Lokal.

Dort gab es auch eine Art von belegten Ciabatta–Brötchen. Am liebsten mochte ich sie mit einer scharfen Salami und verschieden gewürzten Soßen. Je nach Schärfegrad nannte man sie hier 'Hölle 1, 2 oder 3'. Als wir uns setzten, schlug ich ihm sofort vor, um das Essen zu würfeln. Er dürfe sich aber diesmal gern den ersten Würfel aussuchen! Ich erwartete eine Reaktion, doch anscheinend gleichgültig willigte er ein. Allerdings hätte er heute nur wenig Zeit, das reiche nur für eine Runde und bitte nur um die Getränke.

Dann wolle ich wenigstens etwas Besonderes trinken, sagte ich und erwähnte die 'Wolke 5', die dortige Kurzbezeichnung für 0,5 L Weizenbier. Allerdings am liebsten wäre mir heute die 'Wolke 7', denn so hieß ein leckeres Guiness!

Schon legte er seine Würfel auf den Tisch und nahm sich mürrisch W_2. Dabei musterte er mich aufmerksam, als er sah, wie ich einen Zettel aus der Hosentasche kramte und mich überraschend für W_5 entschied!

„Ich habe verstanden", sagte er plötzlich, und nahm alle Würfel an sich! „Ich auch", war meine Antwort. Aber schon hatte er seine Jacke übergezogen und verließ wortlos den Himmel. Er wurde übrigens nie wieder dort gesehen!

Ein wenig enttäuscht blieb ich alleine zurück. Jedoch anschließend *nach Hölle 3 mit Wolke 7 schlief ich zu Hause wie im Himmelbett!*

Archimedes und der Rührteig

Rührteig für ein Spritzgebäck Damit hier von Anfang an kein falscher Eindruck entstehen möge: Kochen und Backen ist nicht meine große Stärke! Wahrscheinlich gehe ich auch immer irgendwie falsch an die Sache heran? Denn am Ende artet es immer aus in Richtung chemische Experimente. Zum Glück ist noch nichts explodiert, und zumindest beim Brotbacken kann ich Erfolge vorweisen, sogar mit Sauerteig – Kenner wissen, wovon ich rede. Das ist angewandte Biologie, auch Chemie und Physik können nie schaden.

Bei Kuchenrezepten fand ich den Teig immer leckerer als das Backergebnis! Warum verkaufen die Bäcker nicht den Teig? In einem Backbuch fand ich zum Beispiel ein Rezept mit der Überschrift: Rührteig für ein Spritzgebäck.

Wer hat sich das denn ausgedacht? Hier zusammengefasst die Zutaten: 250 Gramm Zucker, 375 Gramm Butter, 500 Gramm Mehl, 125 Gramm Mandeln. Wahrscheinlich sind bei letzterem *gemahlene* Mandeln gemeint?

Solche Kleinigkeiten müssen Laien wie ich immer erahnen. Meine Frau meint, bei Zutaten wie Eiern würde man doch auch stillschweigend die Schalen weglassen. Aber warum, vielleicht wären die sogar gesund für unsere Knochen? (Meine medizinischen und sonstigen Kenntnisse darf ich nur selten umsetzen!)

Am wenigsten störe ich mit meiner Mathematik, sagt meine Frau des öfteren, wenn ich ihr meine Hilfe anbiete! Darauf habe ich mich dann konzentriert, schauen Sie sich das Rezept doch einmal genauer an! Angaben alle in Gramm:

Mandeln	Zucker	Butter	Mehl
125	250	375	500

Merken Sie was? Die Mengenangaben sind alle nur Vielfache der Zahl 125! Dividieren wir doch einmal alle Angaben durch 125, erhalten wir nämlich:

Mandeln	Zucker	Butter	Mehl
1	2	3	4

So etwas gefällt mir natürlich, da hat sich jemand auch etwas dabei gedacht! Solche einfachen *Zahlenverhältnisse* schreibt man gerne mit Doppelpunkt:

$$\text{Mandeln} : \text{Zucker} : \text{Butter} : \text{Mehl} \; = \; 1 : 2 : 3 : 4$$

„Mandeln *zu* Zucker *zu* Butter *zu* Mehl *wie* 1 *zu* 2 *zu* 3 *zu* 4."

Archimedes Ich stelle mir gerade vor, wie Archimedes in der Küche sitzt! Aus Langeweile zeichnet er eine Kugel und einen Kegel in einem Zylinder. Von der Seite aus skizziert sieht das ungefähr so aus:

Hierunter notiert er sich die Volumina dieser geometrischen Figuren:

V_{Kegel}	V_{Kugel}	V_{Zylinder}
$\dfrac{2}{3} \cdot \pi\, r^3$	$\dfrac{4}{3} \cdot \pi\, r^3$	$2 \cdot \pi\, r^3$

Darauf muss man erst einmal kommen Nun dividiert er natürlich nicht durch 125, sondern durch den ersten Eintrag $\frac{2}{3} \cdot \pi\, r^3$. Das geht sogar im Kopf! Teilen Sie zunächst durch $\pi\, r^3$ und dann durch $\frac{2}{3}$. Überraschendes Ergebnis:

V_{Kegel}	V_{Kugel}	V_{Zylinder}
1	2	3

Das Volumen der Kugel ist exakt doppelt so groß wie das Kegelvolumen, und das Zylindervolumen ist genau dreimal so groß! Da frag ich mich auch: Wer hat sich nur so etwas ausgedacht, $V_{\text{Kegel}} : V_{\text{Kugel}} : V_{\text{Zylinder}} = 1 : 2 : 3$.

Archimedes soll hiervon ganz begeistert gewesen sein. Wie von ihm gewünscht, wurde dieses Ergebnis mitsamt der Skizze auf seinem Grabstein eingemeißelt!

Da fällt mit wieder ein Man sollte hier ehrlicher sein und etwas genauer erzählen! Das Überraschende am vorigen Ergebnis ist eigentlich die Zahl 2 für die Kugel dazwischen. Denn auch Archimedes wusste damals schon:

Lässt man die Kugel weg und wählt irgend eine *beliebige,* gemeinsame Höhe h für Zylinder und Kegel. Dann gilt nämlich immer noch

$$V_{\text{Kegel}} : V_{\text{Zylinder}} = 1 : 3.$$

Ein Zylinder hat nämlich das Volumen $V_{Zylinder} = $ *Grundfläche mal Höhe,* wie auch bei den nachfolgend skizzierten Körpern:

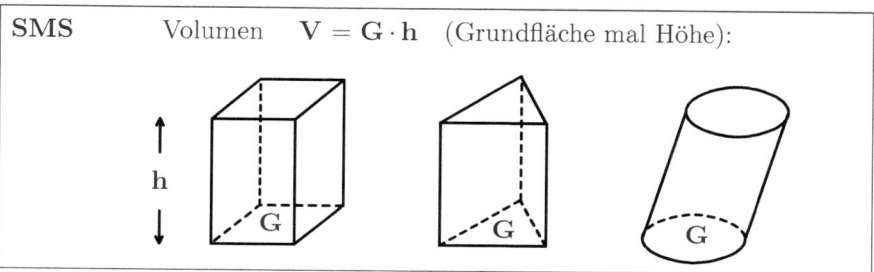

SMS   Volumen $\mathbf{V} = \mathbf{G} \cdot \mathbf{h}$ (Grundfläche mal Höhe):

Für die 'spitze Variante' gilt stattdessen allgemein:

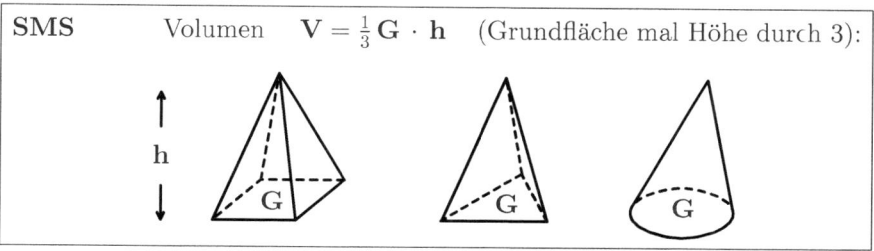

SMS   Volumen $\mathbf{V} = \frac{1}{3}\mathbf{G} \cdot \mathbf{h}$ (Grundfläche mal Höhe durch 3):

Das bedeutet speziell für den Kegel $V_{Kegel} = $ *Grundfläche mal Höhe durch 3,* womit bereits alles bewiesen ist.

Nimmt man so wie Archimedes noch die Kugel hinzu, wird die gemeinsame Höhe speziell auf $h = 2r$ festgelegt! Das ändert natürlich nichts am Verhältnis

$$V_{Kegel} : V_{Zylinder} = 1 : 3.$$

Überraschend ist aber wirklich die entstehende 2 für das Kugelvolumen!

Wundersame Verhältnisse

Wie einst in Ostfriesland Der Bauer Hinrichsen ist schon immer etwas schrullig gewesen, aber trotzdem ein sympathischer Bursche, immer zu einem Spaß bereit! Inzwischen Witwer geworden, hinterließ er als kleine Erbschaft

eine Herde mit 11 Kühen.

Nach seinem letzten Willen sollte sie aufgeteilt werden an seine drei Töchter

$$\text{Antje, Bertje, Christin} \quad \textit{im Verhältnis wie} \quad \frac{1}{2} : \frac{1}{4} : \frac{1}{6}$$

Völlig ratlos, wie sie nun die 11 Tiere aufteilen sollten, ohne Tiere schlachten zu müssen, trieben sie die Herde zum Pastor und baten ihn um seinen Rat.

Nach gründlichem Überlegen holte dieser sein mageres Kälbchen aus dem Stall und stellte es zu den anderen Tieren. „So teilt nun *diese Herde* auf, und wir werden alle unseren Seelenfrieden wiederfinden:"

Auf diese Weise erhielt Antje 6 von nunmehr 12 Tieren! Bei Bertje waren es entsprechend 3, und Christin erhielt deren 2. Das waren insgesamt aber nur

$$6 + 3 + 2 = 11 \text{ Kühe.}$$

Die magere Kuh vom Pastor blieb tatsächlich übrig, und der brachte sie zurück in den Stall. So waren denn alle, wie versprochen, am Ende glücklich und zufrieden. Es war ein kleines Wunder und alle lobten den klugen Pastor! Aber warum funktionierte das, und war diese Aufteilung wirklich korrekt?

So auf jeden Fall nicht Denken Sie schon mal an *Ihre* nächste Erbschaft! Verwechseln Sie jedoch dabei nicht (Zahlen-) *Verhältnisse* mit *Anteilen*: Anteile werden gerne in Hundertstel (Prozent) ausgedrückt. Aber auch andere Bruchzahlen sind üblich. Erhalten Sie 50 % und Ihre beiden Kinder je 25 %, so sind das für Sie die Hälfte und für die Kinder je ein Viertel.

Die Summe ergibt charakteristischerweise <u>immer</u> hundert Hunderstel bzw. 1:

$$50\,\% + 25\,\% + 25\,\% = 100\,\% \qquad \text{bzw.} \qquad \frac{1}{2} + \frac{1}{4} + \frac{1}{4} = 1 \,.$$

Und ebenfalls ganz charakteristisch: Um nun Ihre Erbschaft zu berechnen, multipliziert man Ihren Anteil mit dem Gesamtbetrag G. So erhalten Sie:

$$50\,\% \cdot G = 50 \cdot \frac{G}{100} = \frac{50}{100} \cdot G = \frac{1}{2} \cdot G \,.$$

Genau so haben Antje, Bertje und Christin auch mit $\frac{1}{2}$, $\frac{1}{4}$ und $\frac{1}{6}$ gerechnet:

$$\textbf{SMS} \qquad \text{Antje:} \quad \frac{1}{2} \cdot 11 \;=\; \frac{11}{2} \;=\; 5 + \frac{1}{2} \;=\; 5 + \frac{6}{12}$$

$$\text{Bertje:} \quad \frac{1}{4} \cdot 11 \;=\; \frac{11}{4} \;=\; 2 + \frac{3}{4} \;=\; 2 + \frac{9}{12}$$

$$\text{Christin:} \quad \frac{1}{6} \cdot 11 \;=\; \frac{11}{6} \;=\; 1 + \frac{5}{6} \;=\; 1 + \frac{10}{12}$$

$$\text{Summe:} \qquad 10 + \frac{1}{12} \neq 11$$

Ist Ihnen bei so viel Bruchrechnen auch schon ganz schwindelig geworden?

Und alles umsonst: Es ist völliger Unsinn, dass die drei Geschwister ihre gesamte Erbschaft von G = 11 Kühen auf diese Weise 'aufteilen'! Die Summe der 'Anteile' ergibt ja gar nicht 1 bzw. 100 %:

$$\frac{1}{2} + \frac{1}{4} + \frac{1}{6} \;=\; 50\,\% + 25\,\% + 16{,}67\,\% \neq 100\,\%.$$

Von Anteilen hat auch keiner geredet! Im Testament stand doch ausdrücklich:

im Verhältnis wie $\qquad \dfrac{1}{2} \;:\; \dfrac{1}{4} \;:\; \dfrac{1}{6}$ (gesprochen: „$\frac{1}{2}$ zu $\frac{1}{4}$ zu $\frac{1}{6}$ ").

Der richtige Umgang mit *Verhältniszahlen* scheint zu einem Geheimwissen zu werden, obwohl Verhältnisangaben nach wie vor auch im Alltag sehr praktisch sind! Allerdings war es ein wenig hinterlistig von Bauer Hinrichsen, hierbei Bruchzahlen zu benutzen. In der Regel sucht man das zu vermeiden (sofern es sich nicht gleichzeitig um Anteile handelt, d.h. Gesamtsumme = 1).

Teigwaren Ein Bäcker benötigt einen 'Grundteig' aus **M**ehl, **Z**ucker, **B**utter, gemischt im (Gewichts-) Verhältnis

$$\text{M} \;:\; \text{Z} \;:\; \text{B} \;=\; \frac{1}{2} \;:\; \frac{1}{4} \;:\; \frac{1}{6}.$$

Nach diesem Rezept könnte er also 1/2 kg Mehl mit 1/4 kg Zucker und 1/6 kg Butter mischen, aber natürlich auch jedes Vielfache davon. Um einfache Zahlen zu erhalten, wählt er vielleicht das 2-fache, das 6-fache oder das 12-fache:

$$\text{M} \;:\; \text{Z} \;:\; \text{B} \;=\; \frac{1}{2} \;:\; \frac{1}{4} \;:\; \frac{1}{6} \;=\; 1 \;:\; \frac{1}{2} \;:\; \frac{1}{3} \;=\; 3 \;:\; \frac{3}{2} \;:\; 1 \;=\; 6 \;:\; 3 \;:\; 2.$$

Man darf Verhältniszahlen mit einer beliebigen positiven Zahl multiplizieren! Will man insgesamt $6 + 3 + 2 = 11$ kg Teig, muss man mit 12 multiplizieren.

Lösung *Multiplizieren wir die testamentarischen Verhältniszahlen mit 12:*

Das ist schon deswegen sinnvoll, um aus den Brüchen $\frac{1}{2}$, $\frac{1}{4}$, $\frac{1}{6}$ ganze Zahlen zu erhalten. Das kleinste gemeinsame Vielfache von 2, 4, 6 ist nämlich 12:

$$A:B:C \;=\; \frac{1}{2} : \frac{1}{4} : \frac{1}{6} \;=\; \frac{1}{2}\cdot 12 : \frac{1}{4}\cdot 12 : \frac{1}{6}\cdot 12 \;=\; 6:3:2$$

(Summe **11**)

Ergebnis: Dem 12-fachen von $\frac{1}{2} : \frac{1}{4} : \frac{1}{6}$ entsprechen insgesamt 11 Tiere, korrekt aufgeteilt als

6 für Antje, 3 für Bertje und 2 für Christin.

Der passende Faktor für die Aufteilung war die Zahl **12**. Die Töchter aber multiplizierten leider fälschlich mit 11, weil sie $\frac{1}{2}$, $\frac{1}{4}$ und $\frac{1}{6}$ als Anteile an der Herde interpretierten. Der Pastor vergrößerte deshalb die Herde auf 12 Tiere.

Ein wirklich genialer Schachzug unseres Pastors!

Sind Sie nun schon ein Experte für komplizierte Verhältnisse? Dann überlasse ich Ihnen jetzt als Übung die ausführliche Analyse der folgenden Geschichte:

Wie aus Tausendundeiner Nacht Ein weiser Mann und sein Diener reiten *zusammen auf nur einem Kamel* durch die Wüste. Als sie schließlich Rast an einer Oase einlegen wollen, herrscht dort große Aufregung. Auch hier soll eine Erbschaft aufgeteilt werden, doch sind es dieses Mal

35 Kamele im Verhältnis $\frac{1}{2} : \frac{1}{3} : \frac{1}{9}$ für Ahmed, Bassam und Coman.

Natürlich wird der weise Mann von den Wüstenbewohnern um Hilfe gebeten. Er stellt sein ermüdetes Tier zu den 35 Kamelen und teilt nun die **36** auf:

„Ahmed erhält von den 36 die Hälfte, also 18 Kamele. Von den 35 hätte er nur $17\frac{1}{2}$ bekommen, also wird er zufrieden sein!

Bassam erhält 12 anstelle von $11\frac{2}{3}$, und auch Coman wird mit 4 Tieren anstelle $3\frac{8}{9}$ nicht benachteiligt. Zusammen sind das

$$18 + 12 + 4 = \textbf{34 Kamele.}$$

Es bleibt nicht nur mein Kamel übrig, sondern auch noch eines für meinen treuen, alten Diener".

Alle waren mit der doch so wundersam vorteilhaften Aufteilung zufrieden - ganz besonders das müde Kamel, das fortan nur noch seinen klugen Besitzer zu tragen hatte!

Aber war das Ergebnis auch richtig oder könnte man hier zumindest von einem 'Beraterhonorar' sprechen? Und in diesem Falle mehr als berechtigt, denn eine korrekte Verteilung hätte gar nicht alle Tiere am Leben gelassen!

Möglicherweise war wohl beim Erstellen des Testaments das Bewusstsein des Verfassers schon etwas getrübt ...

Wer sagt da noch, Bruchrechnen sei doch ganz einfach und langweilig?

Wellen am Strand

Urlaubsgefühle Gehen Sie auch so gerne am Meeresstrand spaz.eren, vielleicht um ein paar Muscheln oder schöne Steine zu sammeln oder einfach nur den weiten Blick auf das Meer zu genießen? Und um das wechselnde Spiel der Wellen zu beobachten, wie sie vielleicht eine Schaumkrone bilden und *Richtung Strand* rollen. Es ist tatsächlich so wie in der Reklame abgebildet!

Warum sollte es auch anders sein?

Eines Tages machte ich eine lange Rundwanderung um meine Urlaubsinsel. Sie war einfach nach den vier Himmelsrichtungen eingeteilt, also in einen Süd–, Nord–, Ost– und West-Strand. Eigentlich ist es völlig nebensächlich, aber mein Quartier und Ausgangspunkt war der Südstrand. Stellen wir uns die Insel hiernach vereinfacht und verkleinert als ein Rechteck vor, die Pfeile zeigen die Richtung der Wellen:

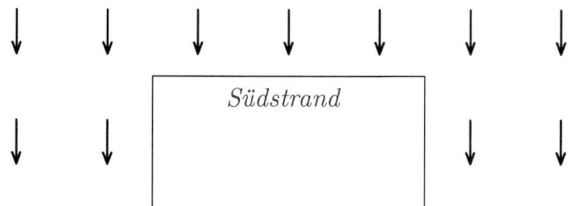

Richtungswechsel Wenn ich eine Insel umrunde, müssten die Wellen doch irgendwann seitlich an mir vorbeirauschen? Das taten sie aber an keinem der Strände!

Sie hielten sich stets an die Reklame und rollten Richtung Strand.

Da es aber kein vertragliches Abkommen zwischen dem Meeresbetreiber und der Tourismussparte gibt, muss es dafür sicherlich andere Gründe geben!

Aber woher weiß die Welle, wo die Insel ist? Sie merkt es, wenn der Strand langsam im Meer versinkt! Denn ein flacher Strand hemmt ihre Ausbreitung:

Je flacher das Wasser, um so langsamer die Welle!

Auf dem offenen Meer verteilen sich die von Wind und Wetter verursachten Wellen in *alle* Richtungen. Einige davon steuern sicherlich direkt auf den Strand zu. Aber was geschieht mit einer schräg zum Strand fließenden Welle?

Sie dreht in Richtung Strand!

Die Skizze zeigt so eine lange Wellenfront. Das eine Ende zeigt schräg zum Strand, das äußere Ende schräg zum Meer. Der äußere, zum tieferen Meer hin gerichtete Teil bewegt sich schneller, so dass er den inneren, langsameren Teil mehr und mehr einholt!
Die Wellenfront richtet sich dadurch allmählich parallel zum Strand:

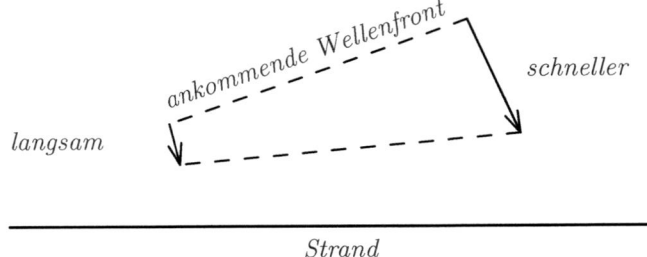

langsam   *ankommende Wellenfront*   *schneller*

Strand

Tsunami Halten wir fest: Die mögliche Geschwindigkeit von Wellen wächst mit der Tiefe des Wassers. Bei einem Erdbeben kann es sogar vorkommen, dass im Meer die gesamte darüber befindliche Wassersäule angehoben wird. Dementsprechend groß ist dann die Ausbreitungsgeschwindigkeit einer solchen 'Tsunami-Welle'.

Ganz ohne Formeln wollen wir hier nicht bleiben. Falls Sie schon darauf gewartet haben, die Geschwindigkeit v lässt sich ungefähr abschätzen!

$$\boxed{\textbf{SMS} \quad v \approx \sqrt{g \cdot h}}$$

Hierbei bedeutet g die Erdbeschleunigung. Bei einer Meerestiefe h von zum Beispiel 1000 m und g ungefähr 10 $\frac{m}{s^2}$ ergibt das bereits 100 m pro Sekunde! Das entspricht 360 Stundenkilometern. Bei 4000 m Meerestiefe verdoppelt und bei 9000 m verdreifacht sich dieser Wert!

Eine solche langgezogene Welle ist aber zumeist sehr flach, so dass man auf hoher See gar nichts davon verspüren muss! An Land sollte man sich allerdings nicht mehr lange aufhalten, denn die gesamte Küstenregion ist in großer Gefahr.

Schließlich wird in Strandnähe die Geschwindigkeit der Welle immer geringer. Riesige Wassermassen werden aufgestaut und verursachen an der betroffenen Küstenregion schwere Verwüstungen.

Bei Spaziergängen am Strand denke ich nicht gerne an solche Gefahren!

Achtung Kreisverkehr

Tief im Brunnen ward es hell Man muss sich das einmal vorstellen: Als die alten Germanen noch auf der Bärenhaut liegend ihren Met tranken, wusste man im alten Ägypten bereits, dass die Erde eine Kugel ist. Solche Fragen beschäftigten damals die Germanen nicht!

Solcherart Unwissen gibt es heutzutage nicht mehr? Doch, da fällt mir ein, dass das Leben auf der Erde erst vor 6000 Jahren entstanden sein soll! Eine unglaubliche Beleidigung für alle Archäologen, die mühsam diese Entwicklung mit erdgeschichtlichen Funden und Altersbestimmungen zu rekonstruieren versuchen. Solches erarbeitetes Wissen wischt man heutzutage mit 'alternativen Fakten' einfach vom Tisch.

Im alten Ägypten bemühte man sich damals sogar, auch den *Erdradius* zu bestimmen oder zumindest abzuschätzen!

Auf folgende Weise bestimmte der Grieche Eratosthenes vor ca. 2200 Jahren als damaliger Direktor der berühmten Bibliothek in Alexandria den Radius:

Man wusste, an welchem Tag um 12 Uhr die Sonne im südlichen Assuan genau *senkrecht* stand. Der dortige tiefe Brunnen wurde dann taghell! Den Stand der Sonne zu diesem Zeitpunkt verdeutlicht die folgende Skizze!

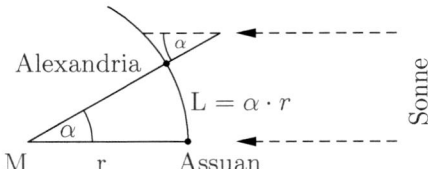

Zum gleichen Zeitpunkt maß Eratosthenes den Winkel α, und zwar anhand der Höhe und der Schattenlänge eines hohen Obelisken in Alexandria.

Die Entfernung L zwischen Alexandria und Assuan war schon lange bekannt, so gut es damals eben ging. Wir messen heute rund 780 km.

SMS Mit α und L erhält man wegen L $= \alpha \cdot$ r den Radius r $= \frac{L}{\alpha}$.
Falls Sie sich an diese Beziehung nicht erinnern:
Denken Sie an die Bogenlänge (Umfang) des Kreises L $= 2\pi \cdot$ r.

Beim Halbkreis mit $\alpha = 180°$ gilt entsprechend L $= \pi \cdot$ r.
Zum Winkel $\alpha = 180°$ gehört somit der Faktor π, bei $1°$ nur $\pi/180$.
Messen wir zum Beispiel $\alpha = 7°$, so gehört hierzu der Faktor $7 \cdot \pi/180$:

$$\boxed{\textbf{SMS} \quad 780\,\text{km} = 7 \cdot \frac{\pi}{180} \cdot r, \qquad r = \frac{780\,\text{km}}{7} \cdot \frac{180}{\pi} = 6380\,\text{km}.}$$

Die *damaligen* Werte von α und L waren vergleichsweise stark fehlerbehaftet:

Bei all den Fehlerquellen ergab sich dennoch ein erstaunlich guter Wert von rund 7000 km, als Näherung für den tatsächlichen Erdradius von 6380 km!

Man muss anerkennend sagen,

Eratosthenes 'hatte den Bogen raus'!

(Übrigens mit der Betonung des Namens auf der kurzen Silbe 'to'.)

Karussellfahren Fahren Sie auf dem Jahrmarkt gerne mit dem Karussell? Ob wir es merken oder nicht, wir befinden uns auf einem *Riesenkarussell*. Aber wie hoch ist eigentlich unsere Geschwindigkeit? Leicht auszurechnen: Am Äquator umrunden wir in 24 Stunden zirka 40 000 km. Das ergibt

$$\frac{40\,000\,\text{km}}{24\,\text{h}} = 1\,667 \text{ Stundenkilometer (bzw. } 463\,\tfrac{\text{m}}{\text{s}}).$$

Nun sind wir aber nicht auf dem Äquator, sondern vielleicht in Mainz mit $\alpha = 50°$ nördliche Breite. Das reduziert den Radius des Breitenkreises und unsere Geschwindigkeit um den Faktor $\cos\alpha$. Im Endergebnis bleiben aber immer noch

rund 300 Meter pro Sekunde!

Das ist fast Schallgeschwindigkeit, am Äquator mit $463\,\tfrac{\text{m}}{\text{s}}$ sogar schneller! Zum Glück rotiert aber die gesamte Lufthülle mit dieser Geschwindigkeit, sonst hätten wir keinen festen Stand! Die *unterschiedliche Geschwindigkeit* auf den verschiedenen Breitenkreisen macht sich jedoch bemerkbar:

Hoch- und Tiefdruckzonen Strömt z.B. Luft vom Äquator nach Norden, wird ihre Komponente in Drehrichtung 'zu schnell' und driftet nach rechts. Eine Luftströmung von Nord nach Süd 'möchte' entsprechend nach links, von oben auf den Äquator gesehen. Aus diesem Grund dreht sich die Luft um ein Tiefdruckgebiet *entgegen* dem Uhrzeigersinn, beim Hochdruckgebiet *mit* dem Uhrzeiger.

Auf der Südhalbkugel ist es natürlich umgekehrt!

In der Physik finden Sie das alles unter dem schwierigen Begriff *Corioliskraft*.

Geschichte Der rechte Winkel sei gleich 90°, also einmal im Kreis herum gleich 360°. Diese vertraute Einteilung stammt von den alten Babyloniern! Das damalige Gebiet zwischen Euphrat und Tigris im heutigen Irak war zu seiner Zeit das Zentrum der Wissenschaften. Die Zahlen 12 und 60 spielten eine wichtige Rolle in ihrem Zahlensystem. Wir finden sie auch noch bei der heutigen Zeiteinteilung.

Die Verwendung dieser Einteilungen bekam überraschend Konkurrenz mit Beginn der französischen Revolution (1789). Die Folgen davon finden Sie heute sogar auf jedem Taschenrechner! Man wollte nämlich ganz konsequent *in allen Bereichen* das Zehnersystem einführen:

Die Einteilung des Tages in 24 Stunden wurde abgeschafft und durch 10 'neue Stunden' ersetzt. Die neue Stunde erhielt 100 'neue Minuten' mit je 100 'neuen Sekunden'. Und der rechte Winkel wurde zu 100 'Neugrad'!

Aber man kann es in seinem Eifer auch übertreiben, stellen Sie sich nur vor: Die 'neue Woche' wurde zu 10 Tagen!

Nur alle 10 Tage ein Wochenende, dafür war man auf die Straße gegangen? So war der revolutionierenden Regelung nur ein kurzes Leben beschieden. Jedoch fast unbemerkt:

In irgendeinem einsamen Winkel überlebten die Neugrad!

Bald nahmen sich die Vermessungstechniker ihrer an. Heutzutage finden wir sie sogar in der Robotik und Automatentechnik wieder – und als Gon (g) natürlich auch auf jedem Taschenrechner, mit 100^g für einen rechten Winkel!

Dreierlei Maß Als drittes Maß findet man auf dem Taschenrechner auch noch *Radiant*! Im internationalen Maßsystem (SI) beträgt der rechte Winkel

$$\pi/2 = 1{,}57079632\ldots \text{rad.}$$

Für geometrische Zwecke ist so ein krummer Wert oft unhandlich, weshalb man gern die 90 bzw. 100 Grad Einteilung wählt. Zur Bestimmung der entsprechenden *Bogenlänge* benötigt man aber wieder den Winkel in Radiant! Vergleichen Sie, wie Eratosthenes 7° in Bogenmaß (Radiant) umrechnete: 7° entsprechen $7 \cdot \pi/180 = 0{,}122\ldots$ rad.

Da 'Radiant' auch Studenten die meisten Schwierigkeiten bereitet, verwende ich zur Veranschaulichung gerne mein nachfolgend skizziertes 'Geo–Dreieck'. Leider hat sich noch kein Hersteller dafür gefunden. Nach einigen Mühen stellte ich nämlich fest:

Die Hersteller verstehen von Radiant noch weniger als die Schüler!

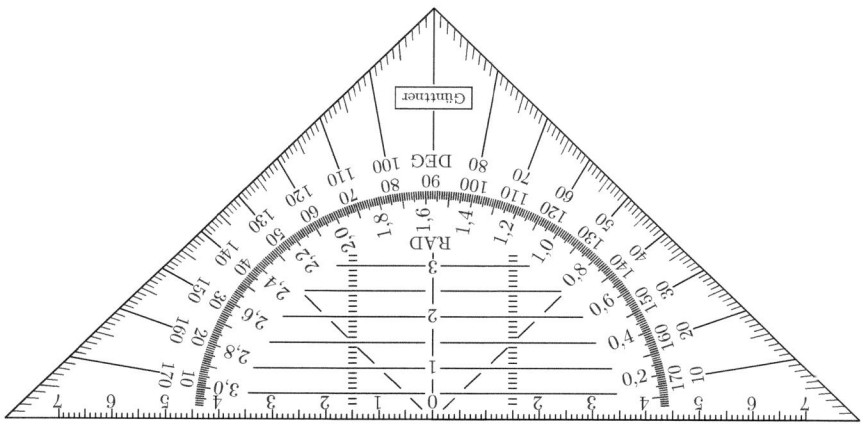

Ein Zahlenbeispiel zum Ablesen und Üben: 40° entsprechen 0,70 rad.

Dieses Geo–Dreieck lässt sich leicht auf dicke Folie kopieren und ausschneiden!

Durch Verkleinerung beim Druck stimmt die Zentimetereinteilung natürlich nicht mehr. Vielleicht können Sie es sogar wieder passend vergrößern? An der Winkeleinteilung in Grad (DEG) und Radiant (RAD) ändert das nichts!

Das rettende Licht

Unter Zeitdruck Die folgende dramatische Situation ist nicht alltäglich, aber so mancher Rettungsschwimmer wird sie kennen. Er befindet sich im folgenden Rettungsfall beim Punkt A in der Nähe des Ufers (Gebiet 1), die zu rettende Person beim Punkt B im Wasser (Gebiet 2).

Reflexartig würde man vermutlich der in Not geratenen Person 'geradewegs' auf dem gestrichelten Weg zur Hilfe eilen. Doch man sollte hier bedenken, dass man im Wasser ja wesentlich langsamer vorankommt als an Land! Vielleicht wäre ein etwas längerer Weg an Land nützlich, um die erforderliche Zeit im Wasser zu verkürzen?

Andererseits ist dieser Weg über einen Punkt S natürlich insgesamt länger! Diese Tatsache wird in der Mathematik als 'Dreiecksungleichung' bezeichnet. Das bedeutet für diese Situation keine einfache Entscheidung. Wir sollten sie ein für allemal klären.

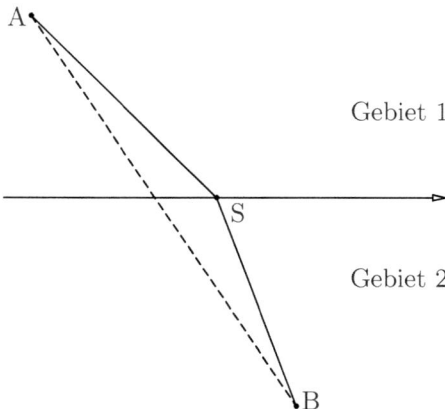

Durch die beiden verschiedenen Geschwindigkeiten c_1 in Gebiet 1 bzw. c_2 in Gebiet 2 wird das ganze Geschehen bis zum Erreichen von B in zwei Zeitabschnitte t_1 und t_2 geteilt. Für die Strecke $\overline{AS}$ gilt dann: $\overline{AS} = c_1 \cdot t_1$. Und analog für die zweite Strecke $\overline{SB} = c_2 \cdot t_2$. Oder aufgelöst nach t_1 und t_2:

$$t_1 = \frac{1}{c_1} \cdot \overline{AS} \qquad \text{und} \qquad t_2 = \frac{1}{c_2} \cdot \overline{SB}$$

Das war doch nicht schwierig? Die Gesamtzeit beträgt somit $t = t_1 + t_2$.

Aber durch die folgende Berechnung der Strecken $\overline{AS}$ und $\overline{SB}$ mit dem Satz des Pythagoras sieht alles gleich viel komplizierter aus!

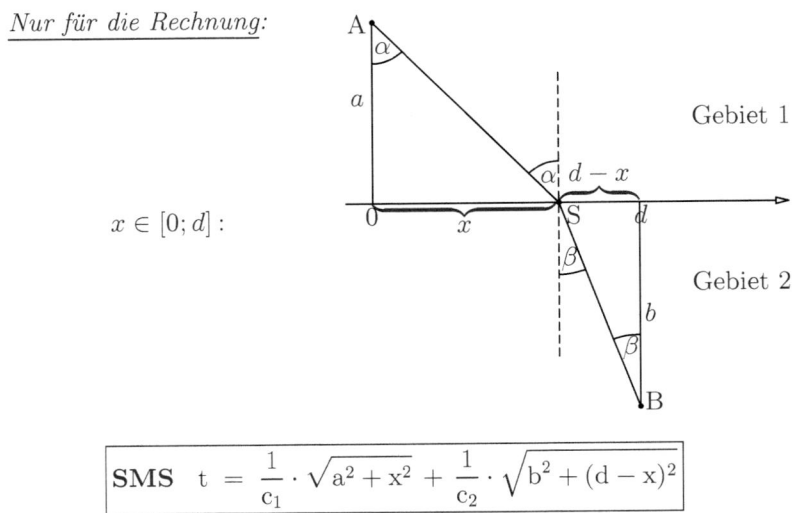

Nur für die Rechnung:

$x \in [0; d]:$

$$\boxed{\text{SMS} \quad t = \frac{1}{c_1} \cdot \sqrt{a^2 + x^2} + \frac{1}{c_2} \cdot \sqrt{b^2 + (d - x)^2}}$$

Für welchen Punkt S bzw. Wert von x wird die Gesamtzeit t am kleinsten?

Nun wird es doch langsam unangenehm, denn solche Extremwertaufgaben löst man bekanntlich durch 'Ableiten nach x und Nullstellenbestimmung'. Der Lohn all dieser Mühe ist dann aber ein überraschend einfaches Ergebnis:

$$\boxed{\text{SMS} \quad \frac{\sin \alpha}{c_1} = \frac{\sin \beta}{c_2}} \qquad \text{(Snelliussches Brechungsgesetz)}$$

Das bedeutet nun für den schnellsten Weg von A nach B:

Wegen $c_1 > c_2$ muss auch $\sin \alpha > \sin \beta$ gelten, was auch $\alpha > \beta$ bedeutet.

Sie sollten also doch den etwas längeren Dreiecksweg über Punkt S wählen! Zumindest wenn Sie der in Not geratenen Person wirklich helfen wollen. Falls es sich um Ihre Schwiegermutter handelt und Sie noch eine Rechnung mit ihr offen haben, könnten Sie diese Rechnung noch einmal überprüfen. Es gibt aber auch sehr liebenswerte Schwiegermütter!

Doch das war natürlich nicht nur ein Mathekurs für Rettungsschwimmer oder für etwas komplizierte Familienverhältnisse:

Lichtgeschwindigkeit Vielleicht wissen Sie, dass die Geschwindigkeit des Lichts im Vakuum oder in der Atmosphäre (Medium 1) viel größer ist als in dichteren Stoffen wie zum Beispiel Glas (Medium 2).

Schicken wir nun einen Lichtstrahl von A nach B, so verläuft der Strahl genau wie soeben beschrieben! Unsere optischen Hilfsmittel wie Fernrohr, Brille und Mikroskop beruhen auf diesem Snelliusschen Brechungsgesetz:

> *Das Licht nimmt immmer den schnellsten Weg!*

Da frag' ich mich, wie macht es das: Betreibt das Licht Differenzialrechnung?

> *Will es jemanden retten? Oder ist es gar auf der Flucht?*

Unter Wasser Als Taucher erkennen Sie im Wasser (Punkt B) nur bei sehr ruhiger Wasseroberfläche auch Gegenstände in der Luft (Punkt A) Und die Lichtbrechung täuscht uns vor, der Punkt A liege in der *geradlinigen* Verlängerung der Strecke von Punkt B nach Punkt S. Wird aber der Winkel β zu groß, erreicht α die kritische Grenze von 90° und Sie können gar nicht mehr aus dem Wasser schauen! Dann findet am Punkt S eine *Totalreflexion* statt wie an einem Spiegel und der Blick führt in die Tiefe.

Tropische Schützenfische (*Toxotes*) und manche Fadenfische (*Colisa*) jagen Insekten, indem sie aus dem Maul wie mit einer Wasserpistole schießen. Sie lernen es, ihre Beute trotz Lichtbrechung bis auf eine Entfernung von 1,5 Metern zu treffen.

Schallgeschwindigkeit Auch Schallwellen ändern beim Übergang von einem Medium zum anderen die Richtung, in Abhängigkeit der betreffenden Schallgeschwindigkeiten. Es gibt sogar akustische Linsen, denn es gilt das Snelliussche Brechungsgesetz! Auch der Schall hat es eilig und betreibt Differenzialrechnung. Materialfehler führen zu messbaren Abweichungen und lassen sich auf diese Weise materialschonend feststellen.

Anders als bei Licht ist es aber mit den unterschiedlichen Geschwindigkeiten der Wellen in flüssigen oder festen Materialien: So ist die Geschwindigkeit des Schalls in Wasser um ein Vielfaches größer als in Luft. Und in Materialien wie Glas, Holz oder Beton ist sie um einen nochmaligen Faktor höher!

In warmer Luft ist die Schallgeschwindigkeit jedoch größer als in kalter Luft! Dann kann es bei einer sogenannten Inversionswetterlage zu einer *Totalreflexion* an der oberen, wärmeren Luftschicht kommen. Das höre ich dann: *Der Güterzug hinter dem Hügel rollt plötzlich am Schlafzimmerfenster vorbei!*

Gummibärchen lügen nicht

OMA gewinnt Als treusorgender Vater sollte man eigentlich regelmäßig die Elternabende in der Schule seiner Kinder besuchen. Und natürlich die Schulfeste im Sommer. Diese fielen häufig auf ein Wochenende und wurden lange vorher angekündigt, was meine Ausreden dann erheblich erschwerte.

Allerdings waren solche Feste immer sehr gut vorbereitet und machten allen viel Spaß. An eines erinnere ich mich aus gutem Grund noch heute! Zunächst musste man immer eine kleine Spende entrichten, die der Schule oder einer bestimmten Klasse zugutekam. Außerdem wurden ja kleine Gewinne 'ausgeschüttet'. Aber auch solche Trostpreise wie ein Sahnebonbon gefielen mir. Hier das Spiel dazu:

In einem großen Topf befanden sich verdeckt die Buchstaben **M**, **A** und **O**. Daraus zog man 3-mal hintereinander (ohne Zurücklegen) einen Buchstaben! *Entstand in der gezogenen Reihenfolge das Wort OMA, hatte man gewonnen!*

Überlegen wir zunächst einmal: Wie viele 'Wörter' sind überhaupt möglich? Wir skizzieren das Spiel als 'Baumdiagramm':

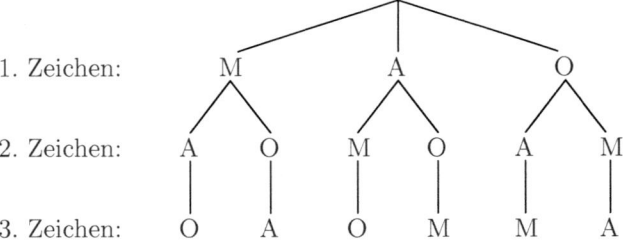

Beim ersten Zug gibt es 3 Möglichkeiten, beim zweiten noch 2, und zum Schluss ziehen Sie den letzten der drei Buchstaben. Insgesamt ergibt das $3 \cdot 2 \cdot 1 = 6$ mögliche Ergebnisse {MAO, MOA, AMO, AOM, OAM, OMA}.

Wenn sich 3 Personen wie <u>M</u>ichel, <u>A</u>nsgar, <u>O</u>skar nebeneinander aufstellen, haben sie dafür offensichtlich auch besagte 6 Möglichkeiten. Mathematiker sprechen hier von *Permutationen* und schreiben anstelle von $3 \cdot 2 \cdot 1$ einfach abkürzend 3! (gesprochen: „3–Fakultät"). Dazu fällt mir der alte Scherz ein:

Ein Kunde beim Fotographen: „Machen Sie mal ein Gruppenfoto von mir". Worauf dieser antwortet: „Dann stellen Sie sich bitte mal im Halbkreis auf!"

Zurück zu OMA: Die Gewinnwahrscheinlichkeit betrug $\frac{1}{6}$ wie beim Würfel.

Würde man den gezogenen Buchstaben jedesmal zurücklegen, gäbe es stets bei *jedem* Ziehen 3 Möglichkeiten, also insgesamt $3 \cdot 3 \cdot 3 = 27$. Dann wären die Chancen für OMA und den Hauptgewinn einer Tüte Brausepulver aber schlechter gewesen. Übrigens ist unsere Erbsubstanz DNA nur eine lange Zeichenkette aus 4 'Grundbuchstaben': **A**denin, **T**hymin, **G**uanin, **C**ytosin. Aber bleiben wir beim Fest.

Schul–Lotterie Die in der Schule gebastelten Lottoscheine aus $3 \times 3 = 9$ durchnummerierten Feldern kosteten damals je 1 DM (1 Deutsche Mark). Ich musste genau 4 Felder ankreuzen, meinen Namen dazu schreiben und bis zum Ende des Festes warten. Als großer Hauptgewinn lockte ein Buch.

Solche Spiele fand ich natürlich viel interessanter als die vielen Geschicklichkeitsspiele, die vor allem die Kinder begeisterten. Wie viele verschiedene Lotterie–Tipps waren denn möglich? Das gehört zu den *4 Grundaufgaben* der Kombinatorik! Zwei davon kennen Sie bereits, nämlich die Zeichenketten (Wörter) ohne und mit Wiederholung. Hier waren wir bereits bei der dritten, ich nenne sie gerne die *Teilmengenaufgabe*! Man muss sich aus der Menge der Zahlen 1, 2, ... , 9 eine Teilmenge von genau 4 Elementen auswählen:

SMS	Die Anzahl der k–elementigen Teilmengen einer n–elementigen Menge beträgt $\dbinom{n}{k} = \dfrac{n!}{k! \cdot (n-k)!}$ (gesprochen: „n über k")

In unserem Falle sind es also $\dbinom{9}{4} = \dfrac{9!}{4! \cdot 5!} = 126$ mögliche Lotterie–Tipps! Aber 126 DM waren mir dann doch zu viel, um *sämtliche* Gewinne der Lotterie–Liste abzuräumen. Ich wäre damit auch unangenehm aufgefallen! (*Beim Lotteriespiel '6 aus 49' benötig man hierfür* $\binom{49}{6} \approx 14$ *Millionen Tipps.*)

Gummibärchen mit Weitblick Nach einer Pause mit Kaffee und Kuchen trieb es mich zu einem Stand mit der Überschrift 'Ihr Blick in die Zukunft'. Aus einem großen Porzellangefäß mit enger Öffnung durfte man sich mit zwei chinesischen Ess-Stäbchen mühsam etwas herausholen. Es handelte sich um die allseits beliebten Gummibärchen, die viel Geschick beim Herausfischen erforderten. Es mussten geheimnisvollerweise genau fünf Stück davon sein!

Dann schrieb man mir der Reihe nach die Anzahl meiner roten, gelben, weißen, grünen und orangenen Bärchen auf einen Zettel und schickte mich mit diesem Ergebnis in ein noch geheimnisvolleres, dunkles Zelt. Hier hatte man sich wohl besonders viel Mühe gegeben:

Auf einem Tisch stand eine große Kerze, die sich in einer Glaskugel spiegelte, es roch nach Räucherstäbchen und die Wahrsagerin trug eine weißhaarige Perücke mit einem spitzen Hut. Es fehlte eigentlich nur noch die Katze auf ihrer Schulter. Sie nahm den Zettel und öffnete daraufhin ein in Samt eingeschlagenes Buch ...

Als ich das Zelt verliess, war ich fast euphorisch, mehr sei hier nicht verraten! Horoskope sind vielleicht erfunden, aber meines passte mir wirklich sehr gut, und Gummibärchen lügen nicht!

Richtig knifflig Allmählich fing es in meinem Kopf wieder an zu arbeiten! Die 5 Gummibärchen waren schon längst verspeist, aber die Frage war doch: Wie viele verschiedene Ergebnisse sind überhaupt möglich?

So langsam dämmerte es mir: Es handelte sich hier um die letzte und leider auch schwierigste der vier Grundaufgaben. Bezeichnen wir die Anzahl der roten Gummibärchen einfach mit x_1, die gelben mit x_2, die weißen mit x_3, die grünen mit x_4, die orangenen mit x_5. Und sind es insgesamt 5 Stück, so haben Sie hiermit auch eine Lösung der Gleichung

$$x_1 + x_2 + x_3 + x_4 + x_5 = 5$$

mit *ganzzahligen* Werten 0, 1, 2, 3, ... gefunden! Konkrete Beispiele wären:

x_1		x_2		x_3		x_4		x_5		Summe
2	+	1	+	0	+	2	+	0	=	5
2	+	0	+	0	+	2	+	1	=	5
0	+	0	+	4	+	1	+	0	=	5
usw.										

Sicherlich finden Sie noch mehr Lösungen dieser Gleichung, aber wie viele verschiedene gibt es überhaupt?

> **SMS** $n \in \mathbb{N}$ besitzt genau $\binom{n + k - 1}{n}$ verschiedene Zerlegungen
> $x_1 + x_2 + \ldots + x_k = n$ mit Werten $x_1, x_2, \ldots, x_k \in \mathbb{N}_0$.

Wegen $n = 5$ und $k = 5$ waren das also $\binom{5+5-1}{5} = \binom{9}{5} = \frac{9!}{5! \cdot 4!} = 126$ verschiedene Ergebnisse, die über meine Zukunft entscheiden sollten!

Finden Sie nur noch zu jedem Ergebnis einen wahrsagerischen Kommentar:

Das Gummibärchen Orakel In diesem lustigen Buch sind bereits alle 126 möglichen Fälle ausführlich kommentiert. Ich habe es bei der Schul-Lotterie gewonnen. Es war nur nicht in Samt gehüllt! Und meine Wahrsagerin hatte mir doch so etwas wie einen 'glücklichen Gewinn' sowieso schon vorhergesagt.

Hiernach habe ich dann öfter eine kleine Portion dieser Bärchen verspeist und in die Zukunft geblickt! Und wie lautet hierzu der letzte, in die Zukunft weisende Spruch auf der Rückseite des Buches:

Von führenden Zahnärzten empfohlen.

Dazu passt eine Meldung vom 9.12.2022 in der Neuen Osnabrücker Zeitung:

Der Süßwarenhersteller Katjes rundet sein Angebot mit der Übernahme einer Reihe bekannter Zahnpasta–Marken ab...

Das bringt mich auf die Idee, unserer Verkehrsstraße einige heftige Schlaglöcher beizubringen – daneben eröffne ich eine Auto-Reparaturwerkstatt!

50. Geburtstag und der Teufel Alkohol

Halb und halb Es war ein Geschenk zu meinem 50. Geburtstag und stand herausfordernd auf dem Tisch: Eine Flasche Wodka, aber nicht irgendeine. Erstens ein Liter und zweitens recht hochprozentig, nämlich **50 Vol. %**.

Schon begann ich darüber nachzudenken: Die Hälfte besteht hier aus Alkohol und die andere Hälfte aus Wasser? Sind Sie auch dieser Meinung? Mir ist schon klar, Sie hätten ein höheres mathematisches Niveau von mir erwartet! Vielleicht sind Sie dann mit folgender Aufgabe zufrieden?

Reines Wasser Der Gewichtsanteil von Wasser bei Tomaten betrage 95 % und soll durch Wasserentzug auf 60 % gesenkt werden. Wie viel bleiben bei einer Ausgangsmenge von 1600 Gramm frischen Tomaten am Ende übrig?

Das ist auch nur einfache Prozentrechnung, aber doch schon recht kniffelig! Stellen Sie jemand anderem diese Aufgabe, denn Ihnen verrate ich natürlich die Lösung. Kümmern Sie sich am besten gar nicht um das Wasser, sondern um die enthaltene Trockensubstanz. Diese bleibt nämlich mengenmäßig am Anfang und am Ende erhalten:

5 % von 1600 Gramm bilden 80 Gramm Trockensubstanz! Dann gilt also auch am Ende: 40 % von x Gramm ergeben 80 Gramm Trockensubstanz. Folgerung: $x = 200$. Das reicht also gerade noch für eine Tube Tomatenmark!

Man glaubt es kaum: Um den Wassergehalt von 95 % auf 60 % zu senken, müssen den 1600 Gramm Tomaten 1400 Gramm Wasser entzogen werden.

Experten bestimmen die Anteile von Mischungen gern mit dem sogenannten Mischungskreuz. Das funktioniert erstaunlicherweise nicht nur für die Zugabe des 'Lösungsmittels', sondern auch im Falle der Minderung:

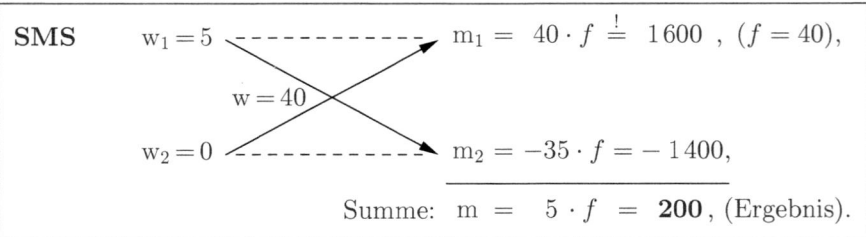

$$\text{SMS} \qquad w_1 = 5 \qquad\qquad m_1 = 40 \cdot f \overset{!}{=} 1600 \ , \ (f = 40),$$
$$w = 40$$
$$w_2 = 0 \qquad\qquad m_2 = -35 \cdot f = -1400,$$
$$\text{Summe:} \quad m = 5 \cdot f = \mathbf{200} \ , \ (\text{Ergebnis}).$$

Den Faktor f fügte ich dem üblichen Mischungskreuz neu hinzu. Das erspart nämlich elegant die anschließend oft noch erforderliche Dreisatzrechnung!

Wodka Wollen wir das Niveau nun vielleicht etwas senken? Besteht mein Liter Wodka also zur Hälfte aus Alkohol und zur anderen Hälfte aus Wasser:

Ist es eine Mischung aus 1/2 Liter Alkohol und 1/2 Liter Wasser?

Typisch Mathematiker, werden Sie vermutlich denken. Wie kann man nur an solchen Selbstverständlichkeiten zweifeln? Doch Vorsicht ist bekanntlich die Mutter der Porzellankiste! Und jeder Chemiker kennt dieses Phänomen:

Teufel Alkohol Er hält uns auch hier wieder zum Narren. Mischen Sie z. B. 518 mL $(= 0,518$ L$)$ reinen Alkohol mit 518 mL Wasser und rühren um, ergibt die Mischung exakt ein Volumen von 1000 mL $(= 1$ L$)$! Die fehlenden 36 mL verschluckt dann wohl der Teufel? Ich stelle mir das anschaulich so vor, dass die kleinen Wassermoleküle zwischen den größeren Alkoholmolekülen genügend Platz zum Verstecken finden.

Man spricht hier von 'Volumenkontraktion'! Dieses Phänomen zeigt sich besonders bei konzentrierten Mischungen von Alkohol und Wasser, aber:

Welchen Alkohol/Wassergehalt hat nun Ihrer Meinung nach diese Mischung?

Je 51,8 Vol. % Alkohol und 51,8 Vol. % Wasser? Zusammen mehr als 100 %? Das wäre eine hundertprozentige Blamage! Doch 50 Vol % wären auch falsch, denn in diesem Liter = 1000 mL sind definitiv 518 mL Alkohol bzw. Wasser!

Im Haushalt haben Sie vielleicht schon einmal Früchte in Alkohol oder Zuckerlösung konserviert? Beachten wir hierfür zunächst einmal den genauen Unterschied zwischen den Begriffen Anteil und Konzentration!

Anteile und Konzentrationen Angenommen, Sie benötigen in der Küche eine 30-prozentige Zuckerlösung! Gemeint sind natürlich Gewichtsprozente. Und da Sie nicht im Labor sind, dürfen Sie einen Liter Wasser einfach mit 1000 Gramm gleichsetzen. 30 Prozent von 1000 sind übrigens 300 Gramm:

Schütten Sie aber in der Eile nicht 300 Gramm Zucker in einen Liter Wasser!

Sie müssen 300 Gramm Zucker mit 700 Gramm $(\approx 0,7$ L$)$ Wasser mischen. Diese 1000 Gramm der Mischung enthalten 300 Gramm oder 30 % Zucker. Die restlichen 700 Gramm oder 70 % sind Wasser! Man spricht hier von 'Anteilen': Der Gewichtsanteil an Zucker beträgt hier 30 %! Anteile werden stets in Prozent angegeben, und die Summe aller Anteile ergibt immer 100 %. Falls das nicht stimmt, handelt es sich auch nicht um Anteile!

Vielleicht verlangt Ihr Rezept aber eine Zucker*konzentration* von 300 g/L (300 Gramm pro Liter). Sie erkennen den entscheidenden Unterschied? *Konzentrationen werden mit Einheiten angegeben wie Gramm und Liter!* Ohne Einheiten handelt es sich um Anteile: Beispielsweise bedeutet die nackte Zahlenangabe 0,518 dasselbe wie 51,8 % bzw. 518 ‰ (Promille).

Aber wie erhält man denn praktisch eine Zuckerkonzentration von 300 g/L? Eigentlich ist es ganz einfach: Geben Sie 300 Gramm Zucker in ein Gefäß. Füllen Sie anschließend unter gründlichem Umrühren mit so viel Wasser auf, bis 1 Liter Lösung entstanden ist. Sie enthält pro Liter genau 300 Gramm Zucker! Man muss also gar nicht die benötigte Menge Wasser ausrechnen, was auch gar nicht so leicht wäre. Deshalb wollen wir auch nicht vergleichen, welche der beiden Lösungen am meisten Zucker enthält. Süß sind sie beide!

Pharisäer Wodka eignet sich gut zum Mischen. Warum muss es zum Kaffee unbedingt Rum mit Zucker und obenauf Sahne sein, so wie beim Pharisäer? Endlich gönne ich mir mal einen Russischen Kaffee, mit einem ordentlichen Schuss aus meiner Wodkaflasche! Anscheinend hat jedes Land seine eigene Variante. In Frankreich mit einem Schuss Cognac ist es der Café Brûlot, mit Whiskey ein Irish Coffee. Anschließend mische ich mir doch noch schnell, als sogenanntes Katergetränk, eine 'Bloody Mary', also eine Art Pharisäer auf Gemüsebasis. Derart gestärkt beantworte ich Ihnen beinahe jede Frage. *Da war doch die Sache mit den 518 mL reinen Alkohol und 518 mL Wasser, die zusammengemischt genau 1 Liter ergeben? Nur der Korrektheit zuliebe: Alles gemessen bei 20° C!*

Ein Sündenfall Wir wissen inzwischen: Wenn ich 518 mL reinen Alkohol mit Wasser zu einem Liter auffülle, erhalte ich eine *Konzentration* von 518 mL pro Liter. Oder was dasselbe ist, von 0,518 L pro Liter! In Kurzschreibweise: Die Alkohol*konzentration* beträgt 0,518 L/L bzw. $0{,}518\,\frac{L}{L}$.

Zufällig genauso groß ist die betreffende Wasserkonzentration, denn zum Auffüllen benötigten wir für einen Liter bekanntlich genau 518 mL Wasser. Aber das Wasser interessiert natürlich niemanden.

Bei der Schreibweise $\frac{L}{L}$ passiert dann, was eigentlich nicht passieren darf: Man kürzt im Zähler das 'L' vom Alkohol mit dem 'L' der Lösung im Nenner. Und das ergibt 0,518 = 51,8 %. Das ist aber ein *Anteil*! Stimmt doch auch, sagt die Getränkeindustrie, exakt 51,8 % des Volumens sind reiner Alkohol! Das ist zwar nicht falsch, man darf jedoch nicht daraus schließen, dass der Wasseranteil nur 48,2 % beträgt, also geringer wäre als der Alkoholgehalt!

Der Wodka mit 50 Vol.% Wenn ich nur 500 mL reinen Alkohol mit 500 mL Wasser mische, erhalte ich natürlich weniger als 1 Liter! Ich muss noch etwas Wasser zugeben, um 1 Liter zu erreichen! In diesem Liter ist aber 1/2 Liter reiner Alkohol: Das bedeutet eine Konzentration von $500\,\mathrm{mL/L} = 0{,}500\,\frac{\mathrm{L}}{\mathrm{L}}$. Nach Kürzen steht auf der Flasche also 50 Vol.%! Das lässt man dann als 'halb richtig' einfach so stehen. Allerdings befindet sich mehr Wasser als Alkohol in der Flasche. Folglich wäre der Wassergehalt höher als 50 Vol.%!

Zusammen mehr als 100 % ist und bleibt jedenfalls mathematischer Unsinn! 'Ein bisschen falsch' gibt es nicht. Würden Sie eine Brücke überqueren, von der es hieße: Die Statikberechnungen seien 'ungefähr richtig'?

Die Kennzeichnung von Lösungen aus Apotheken erfolgt vorschriftsmäßig nach dem Deutschen Arzneibuch, kurz DAB. Der Gebrauch des Prozentzeichens ist dort noch unsinniger geregelt als bei meinem Wodka, weshalb ich Ihnen die weiteren Einzelheiten ersparen möchte. Im Zweifelsfalle fragen Sie bitte ihren Arzt oder Apotheker. Prozentrechnung ist gar nicht so einfach.

Es geht auch einfacher Diese Bloody Maries sind mir zu viel Flüssigkeit. Man kann den Wodka einfach *pur* trinken! Die Feier war übrigens sehr nett: Alle haben mir zu meinem 50. Geburtstag noch weitere 50 Jahre gewünscht!

Dem möchte ich nun hochvergnügt zustimmen! Darum trinke ich symbolisch zum guten Schluss noch zwei Gläser mit Wodka, jedes Glas mit 50 Prozent:

Zusammen sind das jetzt für mich genau 100 %!

Münzen und andere Gleichdicks

Münzen Eventuell gibt es bald kein Bargeld und somit keine Münzen mehr. Vielleicht überleben sie dann als Spielgeld, denn mit Münzen kann man den Kindern sehr anschaulich das Rechnen beibringen. Da bietet die Kreditkarte oder das Smartphone weniger Möglichkeiten zum Anfassen und Begreifen. Worüber man aber kaum nachdenkt:

Müssen Münzen eigentlich rund sein? Kinder verwenden sie manchmal noch für Automaten, die ihnen einen Kaugummi anbieten, bei Erwachsenen sind es eher die Zigaretten. Um nun aber durch den Münzschacht zu fallen ohne darin festzuklemmen, muss die Münze natürlich

rundherum gleich dick sein!

Was heißt hier eigentlich dick? In diesem Falle ist natürlich nicht der Body–Mass–Index oder ihr Taillenumfang gemeint. Die Fragestellung betrifft auch nicht nur Münzen, sondern ist eine allgemein wichtige technische Frage! Um es nicht zu kompliziert zu machen, bleiben wir bei ebenen Figuren oder einfachen Querschnittsflächen. In der Technik heißt es nun, ohne Rücksicht auf irgendwelche Wunschvorstellungen:

Durchmesser oder Dicke d ist definiert als maximaler Abstand zweier Punkte.

In der Praxis ermittelt man diese Dicke gelegentlich mit einem Messschieber. Dieser wird je nach Verwendung auch Schieb- oder Schublehre genannt. Hierbei wird der Gegenstand zwischen zwei parallele Messschenkel geklemmt.

Als Konsequenz obiger Definition sind diese Ellipse und der Kreis gleich dick:

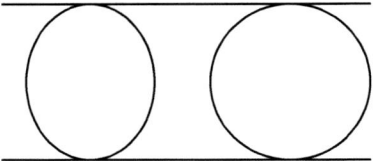

Allerdings ist die Ellipse *nicht rundherum gleich dick*. Das zeigt sich zum Beispiel, wenn Sie die untere Gerade als Grund und Boden interpretieren, die obere als ein darauf gelegtes langes, bewegliches Brett. Falls Sie auf dem Brett einen schweren Blumenkübel transportieren, 'eiert' die Vorrichtung.

Eine erstklassige Transportrolle muss *rundherum gleich dick* sein, akzeptiert! Deshalb *muss* die Rolle kreisförmig sein? Mathematiker werden gern belächelt, weil sie oft schon bei den einfachsten Vermutungen misstrauisch werden!

Gleichdicks Das folgende Gegenbeispiel links neben dem Kreis stammt von dem Mathematiker und Feinmechaniker Franz Reuleaux. Sowohl der Kreis als auch das 'aufgerundete Dreieck' sind tatsächlich rundherum gleich dick:

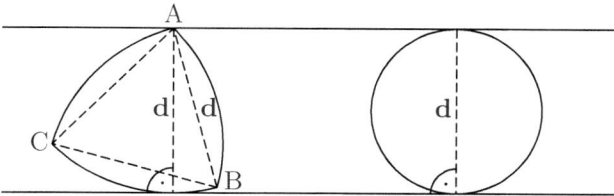

Die Ecken A, B, C eines Reuleaux–Dreiecks bilden ein gleichseitiges Dreieck. Der Kreisbogen um A führt von B nach C, mit der Seitenlänge d als Radius. Analog die beiden anderen Bögen. Und nun das Erstaunliche:

Legt man ein Brett auf solche Rollen, so bewegt es sich mit konstantem Abstand d über dem Boden, genau wie bei Rollen mit einem kreisförmigen Querschnitt und Durchmesser d:

SMS Rollt das Reuleaux–Dreieck auf dem Kreisbogen zwischen B und C, berührt es oben mit dem Punkt A. Berührt es eine Seite mit dem Punkt B, rollt es gegenüber auf dem Bogen zwischen A und C, usw. Der Abstand zwischen Punkt und Bogen ist dabei immer gleich d, gemäß Konstruktion!

Sie könnten stattdessen das Dreieck auch in den Messschieber einspannen: Sie messen rundherum den Wert d!

Typisch britisch Die Konstruktion eines solchen Gleichdicks gelingt auch mit einem Fünf- oder mit einem Siebeneck:

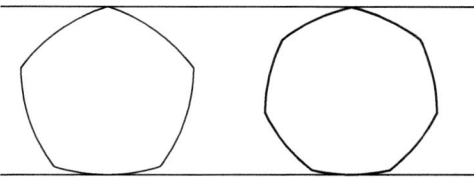

Die Fläche des Gleichdick–Siebenecks rechts beträgt 98,3 % der Kreisfläche! Eine Materialersparnis bedeuten solche Münzen im Vergleich zu gleichdicken kreisförmigen Münzen also nicht. Die britischen 20– und 50–Pence–Münzen sind dennoch Reuleaux–Siebenecke – eine liebenswerte britische Skurrilität!

Und sonst noch Bei gerader Eckenzahl gelingt unsere Konstruktion eines Gleichdicks nicht. Und vielleicht sind Sie bei den Transportrollen inzwischen etwas 'spitzfindig' geworden nach dem Motto: Solche Rollen dürfen keine Spitzen aufweisen! Diese Bedingung lässt sich jedenfalls erfüllen:

Zeichnen Sie um jeden Dreieckspunkt zwei(!) Kreisbögen von jeweils 60°. Einmal ist der Radius größer als die Seitenlänge des gleichseitigen Dreiecks, gegenüber ist er kleiner, wie in der Skizze zu erkennen:

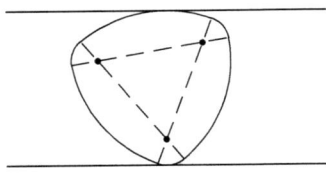

Erstaunlich: Alle Gleichdicks der Dicke d haben denselben Umfang wie ein Kreis mit Durchmesser d, also $U = \pi \cdot d$. Unterschiede gibt es in der Fläche:

$$\textbf{SMS} \quad F_{Reuleaux} = \underbrace{\left(\frac{\pi}{2} - \frac{\sqrt{3}}{2}\right)}_{0{,}704\ldots} \cdot d^2 \qquad F_{Kreis} = \underbrace{\frac{1}{4}\pi}_{0{,}785\ldots} \cdot d^2$$

Die Fläche des Reuleaux–Dreiecks beträgt fast 90 % des gleichdicken Kreises! Das Reuleaux–Dreieck passt auch nicht, wie man gern vermutet, *in* den Kreis:

Vom *Mittelpunkt eines Kreises* haben alle Randpunkte denselben Abstand $r = \frac{d}{2}$. Ein Reuleaux–Dreieck bietet <u>keinen</u> passenden Punkt für eine Achse!

Im vorigen Jahrhundert war das Reuleaux–Dreieck ein wichtiges Bauteil zum ruckartigen Transport von Filmmaterial in Kameras und Vorführgeräten. Erwähnt seien noch Versuche, quadratische Löcher zu bohren. Eine wichtige Rolle spielte das Reuleaux–Dreieck auch bei der Entwicklung des Wankel–Motors. Dieser wandelt Verbrennungsenergie direkt in Drehbewegung um.

Ein ganz einfacher, aber praktischer Vorschlag wären Reuleaux–Knöpfe!

Aber ich glaube, die gibt es schon.

Fliesen: Vielfalt versus Einfalt

Einfalt Die Form von Fliesen ist fast immer von Zweckmäßigkeit geprägt:

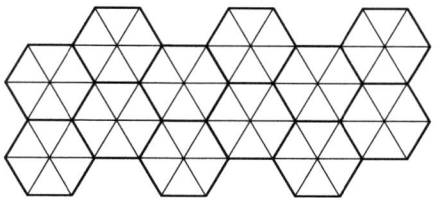 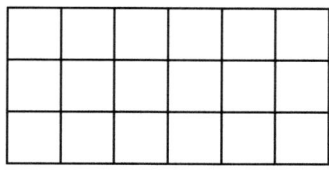

Der einzige Zweck ist anscheinend eine 'lückenlose und überschneidungsfreie Überdeckung der Ebene'. Eine besondere Form des Randes wollen wir hierbei nicht berücksichtigen und denken uns die Parkettierung beliebig fortgesetzt. (In der Praxis muss die Pflasterung am Rand natürlich zugeschnitten werden.)

Die Wahl beschränkt sich auf Quadrat, gleichseitiges Dreieck oder Sechseck!

Was wäre denn eigentlich noch so möglich?

Befreien wir uns von unnötigen Einschränkungen! Beginnen wir ganz einfach:

Drei- und Vierecke sind Standard, aber sie müssten *nicht* regelmäßig sein! Man lege einfach nur gleiche Seiten aneinander, also a an a, b an b, usw.

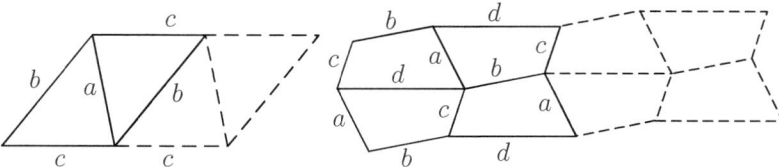

Die entstandenen *Grundmuster* lassen sich in alle Richtungen periodisch wiederholen. Wir erhalten dadurch nur ein ungewohnteres Gesamtmuster.

Pentagon Mit regelmäßigen Fünfecken lässt sich kein Parkett legen, wohl aber mit gewissen *unregelmäßigen* Fünfecken. Hier nur einige Grundmuster:

  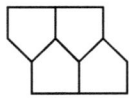 

Bisher wurden 14 Typen konvexer Fünfecke zum Parkettieren entdeckt. Es ist allerdings nicht bekannt, ob dies bereits alle Möglichkeiten sind! Konvex soll hier bedeuten, dass es keine Innenwinkel größer als 180° gibt.

Hexagon Bienen formen um sich herum kurze Röhrchen aus Wachs und packen sie so dicht wie möglich aneinander. Durch Schmelzen oder Breittreten fügt sich nun die Kreisform allmählich zum Sechseck, schlaue Kerlchen!

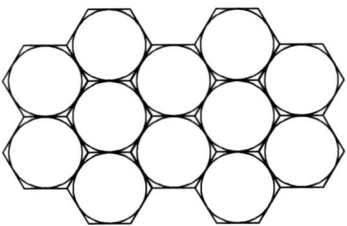

Pflasterungen mit Sechsecken sind am stabilsten: Bei Quadraten und Dreiecken gibt es Linien, in deren Richtung sich die Platten verschieben könnten. Das verringert dann aber die Fugendichtigkeit! Achten Sie einmal darauf: Man findet bei Tankstellen bevorzugt Sechseck–Pflasterungen.

Bei *unregelmäßigen* Sechsecken wird es dann schon ein wenig kompliziert! Hier nur zwei der bisher bekannten, geeigneten Typen von konvexen Fliesen:

SMS

d γ c
e δ
ε β
f φ α b
a

(I) $a = b$, $c = d$, $e = f$, $\alpha = \gamma = \varepsilon = 120°$

(II) $a = d$, $\alpha + \beta + \gamma = 360°$

Die folgende Skizze zeigt Ihnen jeweils ein Beispiel eines solchen Typs und wie daraus ein periodisch wiederholbares Grundmuster gebildet werden kann:

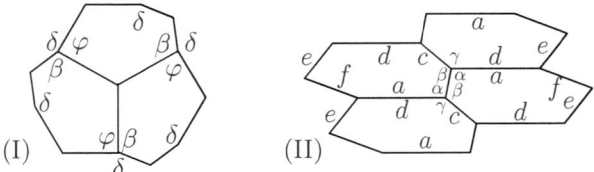

(Bei unregelmäßigen n–Ecken sollte man zwischen Fliesen und *Pflastersteinen* unterscheiden. Letztere lassen sich umdrehen, da sie keine vergütete Oberfläche besitzen. Das Umdrehen kann zu einer anderen Form führen.)

Heptagon Die mystische Grenze für die Anzahl von Ecken ist wohl $n = 7$. Für sieben oder mehr Ecken scheint es keine konvexe Fliesenform zu geben, um die Ebene lückenlos und überschneidungsfrei zu überdecken! Es sind einfach zu viele Ecken und Kanten unter einen Hut zu bringen.

Bedingungslos Schränken wir doch die Freiheit der Kunst nicht länger ein! Erlaubt seien nun auch Winkel über 180° und bogenförmige Kanten etc. Entdecke die Möglichkeiten! Erster Versuch einer kunstvollen Fliese:

Zeichnen Sie die Seiten irgendeines Dreiecks mit den Eckpunkten P, Q, R. Das sind hier aber nur zeichnerische Hilfslinien zur besseren Orientierung, die später nicht mehr in Erscheinung treten.

Sei M_1 der Mittelpunkt der Strecke $\overline{PR}$. Zeichnen Sie nun eine 'künstlerische' Verbindungslinie von M_1 nach R. Diese Linie soll sich nicht selbst oder mit späteren Linien überschneiden, da sie den Rand der Fliese bilden. Die gleiche Linie zeichnen Sie dann noch einmal *punktsymmetrisch* von M_1 nach P.

Nun denken Sie sich einen zweiten solchen Streich aus, also eine Linie von M_2 nach R, und das Ganze punktsymmetrisch wiederholt von M_2 nach Q. Man kann es sich natürlich bequem machen und rechts das Spiegelbild der linken Seite wählen, aber es darf auch etwas anderes sein!

Dasselbe Spiel für die dritte Seite, wobei wir allerdings für den Anfang ganz bequem eine gerade Verbindungslinie gewählt haben, vgl. Skizze:

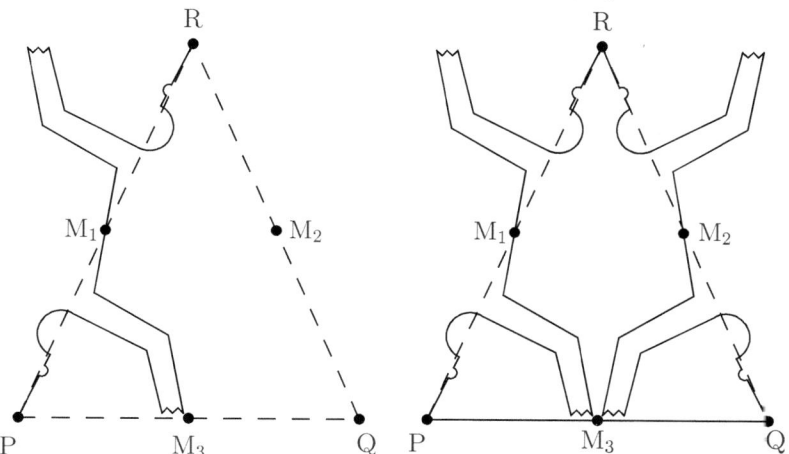

In verkleinertem Maßstab erhalten Sie folgende Form zum Aneinanderlegen – immer eine Fliese um 180° gegenüber der anderen gedreht:

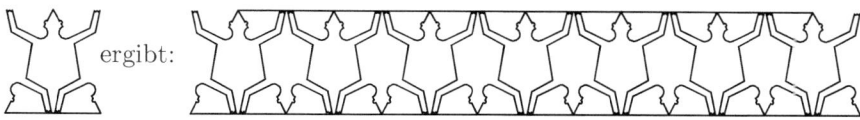

Kribbelig und krabbelig Zeichnen Sie eine Linie vom Punkt R nach S, natürlich überschneidungsfrei und oberhalb der gestrichelten Verbindungsgeraden. *Wiederholen* Sie diese Linie *unten* entsprechend von P nach Q.

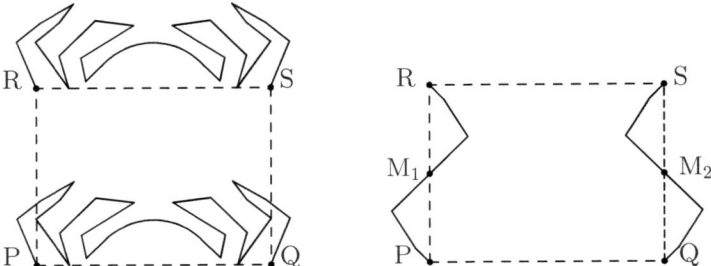

Nun folgt eine Linie von P hoch nach R, überschneidungsfrei und punktsymmetrisch zum Mittelpunkt M_1. Verbinden Sie auch Q und S in dieser Art.

Die entstehende Fliese passt aufgrund der *Wiederholung unter*einander, nach Drehen um 180° *neben*einander, wegen Punktsymmetrie der Seiten! Die hier gewählte Symmetrie zur Längsachse ist dafür nicht erforderlich. Die Fliese kann noch mit Augen oder wie auch immer verziert werden.

Es macht Spaß, sich selber etwas auszudenken und das Prinzip zu variieren. Kopieren Sie Ihre Entwürfe, und schneiden Sie die 'Fliesen' probehalber aus.

Denn selbst der Zeichner des Cartoons kam etwas durcheinander:

π – Springen und andere Wunder

Keine Wunder? Die Kreiszahl π (Pi) ist sicherlich den meisten bekannt, aber irgendeinen Näherungswert kennen die wenigsten. Machen Sie einen Test in Ihrem Bekanntenkreis! Andererseits vollbringen Liebhaber dieser Zahl in dieser Hinsicht sportliche Höchstleistungen. In der Praxis genügen oft schon einfachste Näherungen wie 3 oder 3,14. Als irrationale und sogar transzendente Zahl nimmt ihre Darstellung aber kein Ende. Auf meinem Kaffeebecher von Lehmanns Fachbuchhandlung sind sogar mehr als 3000 Nachkommastellen vermerkt, hier nur die ersten 90 davon:

$$\pi = 3{,}141\,592\,653\,589\,793\,238\,462\,643\,383\,279\,502\,884\,197\,169\,399\,375\,105\,820$$
$$974\,944\,592\,307\,816\,406\,286\,208\,998\,628\,034\,825\ \ldots$$

Auf die Ziffer **2** in Fettdruck werde ich noch zu spechen kommen, sie scheint sich nämlich durch eine besondere Eigenschaft hervorzuheben! Bisherige Untersuchungen konnten allerdings an den Ziffern von Pi *nichts Besonderes* entdecken, sie scheinen rein zufällig zu sein! Lautet Ihr Geburtstag z.B. 20.07.1945, so lässt sich auch diese zufällige Ziffernfolge irgendwo finden, natürlich ohne die Punkte dazwischen, und mit Computerunterstützung. Das ist überhaupt kein Wunder, sondern höchstwahrscheinlich. Das gelingt auch mit jedem Zufallsgenerator für die Ziffern 0 bis 9, wenn Sie nur genügend lange spielen! Doch π enthält höchst wundersame Ziffern? Beachten Sie nur

Die Sprungregel Spielfeld und Würfelergebnisse sind mit π festgelegt: Stehen Sie mit Ihrer *gedachten* Spielfigur z. B. auf der 3 ganz am Anfang, so springen Sie 3 Ziffern weiter und landen auf der zweiten 1 als Ziffer. Folglich springen Sie nur 1 Feld weiter auf die nachfolgende 5. Hiernach springen Sie also 5 Ziffern weiter auf eine 3. Somit landen Sie auf einer 9, also geht es 9 Felder weiter, usw. – *Nullen werden nicht mitgezählt und einfach übersprungen!* Schließlich landen Sie auf der gekennzeichneten **2**, aber nun das Besondere:

Beginnen Sie nicht mit der 3 am Anfang, sondern mit der nächsten Ziffer, also einer 1. Oder mit der sechsten Nachkommastelle, also einer 2. Oder ersetzen Sie die 3 ganz zu Beginn durch eine 1, oder eine 2, oder eine 8, oder was auch immer. Springen Sie dann gemäß unserer Sprungregel, landen Sie magnetisch angezogen auf der 2 – *wenn das kein Wunder ist!* Bevor Sie den Schwindel erkennen, schnell ein analoges wundersames Spiel;

Der Weg zur Erlösung Mit religiösen Dingen wird gern wundersamer Schabernack getrieben. Lassen Sie mich zeigen, wie leicht das möglich ist. Man muss es nur wundersam verpacken!

Anstelle eines *Bibeltextes* wähle ich lieber einen profanen Text und ergänze diesen erst zum Schluss mit solch heiligen Wörtern wie 'Gott' und 'Erlösung'. Hier ein Abschnitt aus dem 'Lottofieber' von Seite 13:

Denn so einfach, wie das auf den ersten Blick erscheint, ist das nämlich nicht! Vielleicht wissen Sie, dass nur die Hälfte des eingezahlten Geldes wieder ausgeschüttet wird! Um folglich auf Dauer mehr Gewinn ausbezahlt zu bekommen, als man eingesetzt hat, muss man sich ganz schön anstrengen. Oder man betet zu Gott, wir finden dort Erlösung!

Und nun besagter Schwindel und Schabernack mit diesem 'heiligen' Text: Enthält er eine göttliche Fügung, die nur Eingeweihte erkennen können?

Beachten Sie hierfür das erste Wort dieses Textes *'Denn'* mit 4 Buchstaben! Springen Sie nun 4 Wörter weiter, landen also bei *'das'* mit 3 Buchstaben! Zählen Sie daher 3 Wörter weiter und kommen zu *'ersten'* aus 6 Buchstaben usw. Das führt Sie schließlich zu den heiligen Wörtern *'Gott'* und *'Erlösung'!*

Aber das viel größere Wunder kommt noch: Beginnen Sie anstelle von *'Denn'* mit *'so'*, dann gelangen Sie auf die gleiche Art und Weise zur *'Erlösung'*. Und das geschieht auch, wenn Sie mit dem Wort 'einfach' beginnen, also nach 7 Sprüngen als nächstes bei 'erscheint' landen. Das ist leicht nachzuprüfen! Also doch ein Wunder, das nur dem Eingeweihten auf dieses Art und Weise offenbart wird?

Die Auflösung Falls man nur lange genug probiert und prüft, gelangt man auch zur Erklärung des Rätsels. Zunächst kommt es auf die Bedeutung der einzelnen Wörter gar nicht an, sondern auf die Anzahl ihrer Buchstaben. Ersetzen wir also die einzelnen Wörter im Text durch ihre Länge, lassen aber die Satzzeichen zur besseren Orientierung stehen. Satzzeichen zählen nicht:

Denn = 4, so = 2, einfach = 7, usw.:   4 2 7, 3 3 3 6 5 9, 3 3 7 5!
10 6 3, 4 3 3 6 3 12 6 6
13 4! 2 8 3 5 4 6 10 2
8, 3 3 10 3, 4 3 4 4 5 10.
4 3 5 2 4, 3 6 4 **8**!

Nun geht alles auch viel schneller. Die **8** am Schluss bedeutet unsere 'Erlösung':

Beginnen wir mit der 4, springen also 4 Zahlen weiter zu einer 3. Dann geht es 3 Zahlen weiter zu einer 6 und schließlich zur letzten 5 der ersten Zeile, usw. Schließlich erreichen wir die 8 am Ende! *Markieren* wir alle erreichten Positionen durch Fettdruck, erhalten wir zunächst folgendes Bild:

4 2 7, 3 3 3 3 6 5 9, 3 3 7 **5**!
10 6 3, 4 **3** 3 6 **3** 12 6 **6**
13 4! 2 8 3 **5** 4 6 10 2
8, 3 3 10 3, 4 3 4 **4** 5 10.
4 **3** 5 2 **4**, 3 6 4 **8**!

Nun beginnen wir stattdessen mit der 2. Wir markieren zusätzlich auch die hier erreichten Positionen:

4 **2** 7, 3 3 3 3 6 5 9, 3 3 7 **5**!
10 6 3, 4 **3** 3 6 **3** 12 6 **6**
13 4! 2 8 3 **5** 4 6 10 2
8, 3 3 10 3, 4 3 4 **4** 5 10.
4 **3** 5 2 **4**, 3 6 4 **8**!

Diesmal geschieht etwas Entscheidendes: Nach der **9** der ersten Zeile gelangen wir zur zweiten **3** der zweiten Zeile, einer Position, die wir vom Schema ganz oben bereits kennen und die uns dann bekanntlich zur **8** am Ende führt!

Beginnen wir nun mit dem dritten Wort unseres Textes bzw. mit der dritten Zahl, also mit der 7. Hiermit gelangen wir bereits beim ersten 'Sprung' zur markierten **9** der ersten Zeile, was uns wieder ganz sicher am Ende zur **8** bzw. zur 'Erlösung' führen wird!

4 2 **7**, 3 3 3 3 6 5 **9**, 3 3 7 **5**!
10 6 3, 4 **3** 3 6 **3** 12 6 **6**
13 4! 2 8 3 **5** 4 6 10 2
8, 3 3 10 3, 4 3 4 **4** 5 10.
4 **3** 5 2 **4**, 3 6 4 **8**!

Beginnen wir als nächstes mit dem vierten Wort, so ist diese 3 bereits markiert, führt uns also wiederum zur **8** am Ende! Weitere Untersuchungen seien Ihnen und Ihrem Fleiß überlassen. Sie werden mir dann hoffentlich zustimmen:

Die anfänglich verschiedenen Wege münden schließlich mit wachsender Wahrscheinlichkeit in einen gemeinsamen Weg, also mit einem gemeinsamen Ende! Je länger der Weg beziehungsweise Text, um so sicherer ist dieses Resultat!

Eigene Wege Das systematische Studium solcher Phänomene erfordert natürlich weder irgendwelche Bibeltexte noch transzendente Zahlen wie π.

Würfeln Sie einfach fleißig mit einem Spielewürfel, sagen wir mindestens 60-mal, und notieren sich der Reihe nach die Ergebnisse. Das dient sozusagen als 'Ersatz' für π. Nun springen Sie los, natürlich *weit genug vom Ende entfernt* und markieren die erreichten Felder Ihres Würfelpfades! Interessant ist es, sich viele unabhängige Spieler vorzustellen, die ungefähr gleichzeitig starten, aber zunächst an verschiedenen Stellen. Alsbald wird es derselbe Weg! Dann merken Sie auch:

Es handelt sich bei alledem nicht nur um reine Spielereien, sondern auch um interessante wahrscheinlichkeitstheoretische Vorgänge. Sie erkennen dabei, wie *Gleichschrittverhalten und Massenphänomene zufällig* entstehen können! Bei der formalen Analyse solcher Probleme spielen 'Markow–Ketten' eine wichtige Rolle.

Auf derart erzeugten Ergebnissen basieren natürlich auch einige verblüffende Zauberkunststücke. Oder Sie verstecken ein Codewort am Ende eines harmlos erscheinenden oder absichtlich verwirrenden Textes, usw.

Mit irgendwelchen Wundern hat das alles nichts zu tun – womit natürlich nicht bewiesen wäre, dass es keine Wunder geben könne. Interessanterweise hält das mehr als die Hälfte der Bevölkerung für möglich! Skepsis ist jedoch immer angebracht, oder wie es in Goethes Faust dazu heißt:

Das Wunder ist des Glaubens liebstes Kind.

Platonische Liebe

Würfeln auf platonische Art Von einem Würfel verlangt man nicht nur, dass er nach dem Wurf auf irgendeiner Seite liegen bleibt, sondern auch die Wahrscheinlichkeit soll für alle Seiten gleich groß sein. Natürlich sind nur ganz regelmäßig gebaute Körper für diese Zwecke geeignet!

Als räumliches Analogon zu den regelmäßigen Polygonen (Vielecke) erhält man regelmäßige Polyeder (Vielflächner). In jeder Ecke des Körpers müssen gleichviele regelmäßige Vielecke des gleichen Typs zusammentreffen:

4 Flächen	6 Flächen	8 Flächen	12 Flächen	20 Flächen

Tetraeder	Hexaeder	Oktaeder	Dodekaeder	Ikosaeder

Dass es beim 12–Flächner und 20–Flächner so schön klappt, ist nicht ganz selbstverständlich, aber notfalls mühsam nachzurechnen. Hingegen ist leicht einzusehen, dass es keine weiteren Möglichkeiten gibt:

SMS Stoßen nur drei gleichseitige *Dreiecke* an jeder Ecke aneinander, entsteht zwangsläufig ein Tetraeder, bei vier Dreiecken ist es ein Oktaeder, und im Falle von fünf Dreiecken ein Ikosaeder. Treffen aber sechs gleichseitige Dreiecke an einer Ecke zusammen, bildet sich ein Winkel von 360°.

Bei einem normalen Würfel (Hexaeder) stoßen nur drei *Quadrate* an jeder Ecke zusammen. Vier Quadrate bilden wieder einen ebenen Winkel von 360°.

Beim Dodekaeder treffen an einer Ecke nur drei *Fünfecke* zusammen, während vier bereits 360° überschreiten.

Für eine räumliche Ecke sind mindestens drei Flächen erforderlich! Drei *Sechsecke* ergeben aber bereits 360°, so dass mit Sechsecken überhaupt keine regelmäßigen Polyeder möglich sind! Und das gilt natürlich ganz allgemein für n–Ecke mit n ≥ 6.

Das Tetraeder ist als Würfel etwas ungewohnt, da stets nur eine *Ecke* nach oben zeigt. Aber jeder Ecke lässt sich an den *Seiten* ein Symbol zuordnen! Bei den übrigen Würfeln zeigt immer genau eine *Fläche* nach oben, und jede Fläche kann mit einer Zahl oder einem Symbol versehen werden.

Nicht nur zum Spielen Ich stelle mir gerade ein Würfelspiel wie das 'Mensch ärgere dich nicht' mit einem Zwanzigflächner vor. Das Würfeln einer Zwanzig und anderer hoher Zahlen würde das Spiel zumindest in der Anfangsphase sehr beschleunigen! Tatsächlich diente das Ikosaeder bereits im alten Ägypten als Spielwürfel.

Platon (428 – 348/347 v.Chr.) beschrieb und untersuchte die 'Platonischen Körper' sehr ausführlich. Er ordnete sie den damaligen 'vier Elementen' zu: Tetraeder → Feuer, Ikosaeder → Wasser, Würfel → Erde, Oktaeder → Luft. Als Repräsentant des 'Weltalls, Äthers oder Geistes' diente das Dodekaeder.

Wir schmunzeln heute über dieses Weltbild, doch immerhin finden Sie die platonischen Körper in fast jedem Chemiebuch. Beispielsweise bilden die vier Wasserstoffatome des Methanmoleküls CH_4 die vier Ecken eines Tetraeders, mit dem Kohlenstoffatom im Zentrum.

Die regelmäßigen Polyeder spielen eine wichtige Rolle in der Clusterphysik: Cluster (engl.: Haufen) sind Ansammlungen von Atomen oder Molekülen mit einer Anzahl von 3 bis etwa 50 000.

Von besonderer Bedeutung ist das Ikosaeder, es hat die 'kugelförmigste' Gestalt. Adenoviren, welche die Atemwege befallen, sind in Ikosaederform aus 252 Proteinmolekülen zusammengesetzt.

Das muss doch Liebe sein Natürlich tragen Sie das Bild ihres Partners tief im Inneren ihres Herzens – und hoffentlich gilt das andersherum genauso. *Erstaunlicherweise verstecken auch die platonischen Körper einen Partner!* Verbinden Sie doch einmal die Mittelpunkte benachbarter Flächen eines Hexaeders miteinander. Dann entdecken Sie eine 'platonische Beziehung': Die 6 Mittelpunkte der Hexaederflächen bilden die 6 Ecken eines Oktaeders!

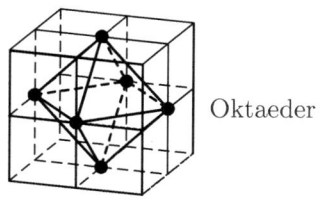 Oktaeder

Und was erwarten Sie nun vom Oktaeder? Es ist beinahe schon romantisch: Die 8 Mittelpunkte eines Oktaeders liefern die 8 Eckpunkte eines Hexaeders. Entsprechend ist der Zusammenhang zwischen Dodekaeder und Ikosaeder! Und das Tetraeder verbirgt ganz selbstverliebt nur sich im Inneren.

Basteln und Vernetzen Um einen gewöhnlichen Würfel aus Papier zu basteln, könnte man ganz umständlich 6 gleichgroße Quadrate ausschneiden und mit Falzen zusammenkleben. Bequemer ist natürlich ein zusammenhängendes Netz aus diesen Quadraten. Hierfür gibt es aber oft erstaunlich viele Möglichkeiten. Beispielsweise existieren genau 11 verschiedene Netze, aus denen man einen üblichen Würfel falten kann. Hier sind nur fünf davon:

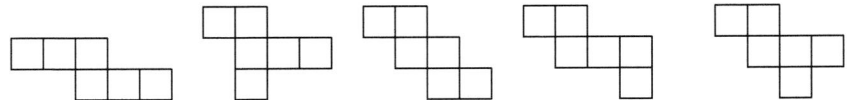

Die jeweils noch erforderlichen Klebefalze lassen wir weg, um die Übersicht zu erleichtern. Drehen oder Wenden dieser Netze ergibt natürlich kein wirklich neues Netz. Es gibt aber troztdem noch 6 weitere Netze, die Sie selbst leicht finden werden, denn es sind die einfachsten ihrer Art.

Hier solche besonders einfachen Netze zum Basteln der Platonischen Körper:

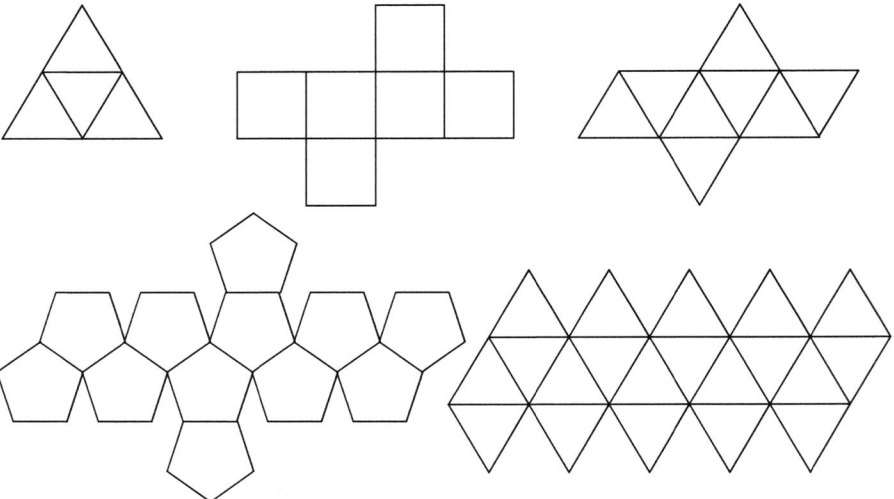

Das Ergänzen mit Klebefalzen ist wieder auf vielerlei Weise möglich und sei Ihnen überlassen. Man kann Klebefalze auch gesondert ausschneiden. Je kleiner alles ist, umso mühsamer wird der Zusammenbau.

Die Netze sollte man deshalb möglichst groß auf ein Blatt Papier oder einen Karton übertragen oder kopieren. Ritzen Sie gemeinsame Kanten etwas ein, um besser falten zu können, ebenso die Klebefalze.

Ein guter Schnitt Können Sie ein Tetraeder in zwei *gleiche* Hälften teilen? Hier die beiden Teile, ohne Klebefalze:

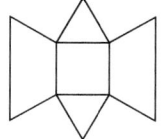 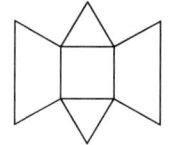

Seitenlängen 1 und 2,
Winkel 60°, 90°, 120°.

Ein verblüffendes psychologisches Hindernis beim Wiederzusammensetzen: Man erkennt nicht die quadratischen Grundflächen dieser beiden Hälften. Diese muss man nämlich aufeinandersetzen und passend zueinander drehen!

Das Kappen einer Ecke eines gewöhnlichen Würfels ergibt ein Dreieck (links). Als Schnittfläche ist aber auch ein Rechteck oder ein Quadrat möglich. Ein geschickter Schnitt durch eine Ecke ergibt sogar ein Fünfeck (Mitte), doch nie ein regelmäßiges, denn dieses besitzt ja keine parallelen Seiten!

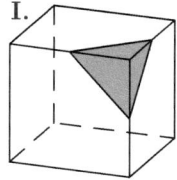 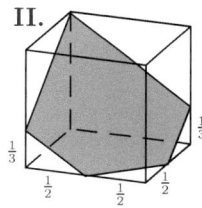 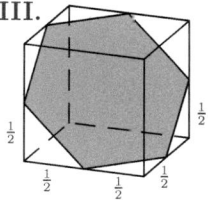

Verblüffend ist auch das regelmäßige Sechseck, indem Sie sämtliche Kanten halbieren (rechts)! Stellen Sie sich nun einmal beliebig viele Würfel aufeinandergestapelt vor, jede Quadratfläche bündig auf– und nebeneinander:

Würden Sie diesen Würfelstapel nun längs einer Ebene durchschneiden, welches der zwei Schnittmuster links bzw. rechts könnten Sie dann erzeugen?

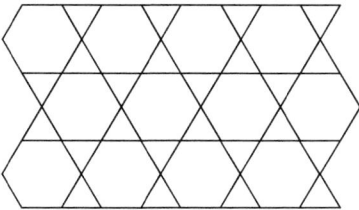 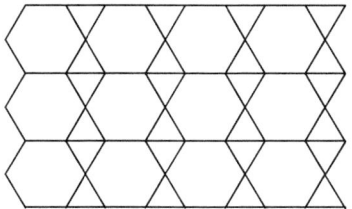

(Die beiden Skizzen zeigen natürlich nur einen periodischen Ausschnitt.)

Kombinieren Sie den Würfelschnitt III mit dem linken I, so erkennen Sie, dass ein Sechseck rundum von 6 Dreiecken umgeben sein muss! Folgerung: Es handelt sich um das links skizzierte Muster!

Russisches Roulette

Wer hat schon eine Drehpistole? Sicherlich haben Sie als Jugendlicher schon Filme gesehen mit dem Hinweis, 'für Jugendliche unter 16 Jahren nicht geeignet'. Das machte diese Filme erst richtig interessant. Für mich ist das schon lange her, aber soweit ich mich erinnern kann, war zu meiner Zeit diese Altersgrenze manchmal noch höher als heute!

Als voll erwachsen galt man damals erst mit 21 Jahren, wurde aber schon ab 18 Jahren zum Wehrdienst eingezogen – bis einige Eltern von ihrem Erziehungsrecht Gebrauch machten und ihren Kindern die Teilnahme am Wehrdienst verboten. Woraufhin das Erwachsenenalter einfach auf 18 Jahre gesenkt wurde!

Doch egal welchen Alters, manche Filme sind auch für Erwachsene nur schwer zu ertragen. So erinnere ich mich immer noch an eine Szene, wo ein Mafiaboss die Frau und auch die Tochter eines Polizisten gefangen hielt. Der Gangster hatte es den Ermittlern bereits angedroht und war nun dabei, mit seinen beiden hilflosen Gefangenen russisches Roulette zu 'spielen'. Bitte lassen Sie mich die Schilderung beenden, auch wenn die zwei in einem eindrucksvollen Showdown noch gerettet wurden!

Dreh- und Angelpunkt dieses 'Spiels' ist bekanntlich ein Revolver, zu Deutsch eine Drehpistole. Hier werden die Patronen, oftmals sechs an der Zahl, in einer drehbar angebrachten Trommel geladen und der Reihe nach abgefeuert:

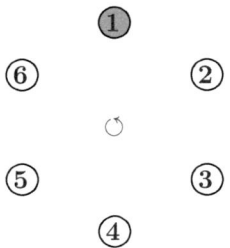

Hierfür dreht sich die Trommel des Revolvers nach Betätigung des Abzugs immer eine Position weiter, egal ob eine Patrone in der obersten Kammer im Lauf ist oder nicht. In der klassischen Version wird nur *eine einzige* Patrone geladen und die Trommel dann kurz gedreht. Danach ist nicht mehr ersichtlich, in welcher Position sich die scharfe Patrone momentan befindet!

Wie darf's denn sein? In der einfachen, mathematisch uninteressanten Version, drückt man so oft ab, bis spätestens beim sechsten Versuch der Schuss fällt. Die Trommel verhält sich hierbei nur wie ein üblicher Würfel! Zeigt er (für alle Beteiligten als Ergebnis unsichtbar) eine 4, fällt beim 4ten Versuch der Schuss. Die Wahrscheinlichkeit für irgendeines der 6 Ergebnisse beträgt also *zu Beginn des Spiels* für jedes Ergebnis 1/6.

Während des Spiels verändert sich natürlich die Situation, bedingt durch die zusätzlichen Informationen. Ist beim ersten Mal kein Schuss gefallen, dann beträgt die Wahrscheinlichkeit für die übrigen 5 Versuche bereits 1/5. Unter der Bedingung, dass bereits zwei Fehlversuche stattgefunden haben, beträgt sie bereits 1/4 und nach fünf Fehlversuchen schließlich 1 bzw. 100 %.

Ende unbestimmt Bei der raffinierteren, mathematisch interessanteren Version wird die Trommel des Revolvers nach jedem Fehlschuss wieder hörbar und demonstrativ schwungvoll gedreht, bis sie dann endlich drohend einrastet.

Höchst unwahrscheinlich, aber theoretisch möglich wäre es, dass bei dieser Vorgehensweise nie ein Schuss fällt. Wir werden das genauer untersuchen und auch feststellen, dass Sie eine friedliche Version des Spiels wahrscheinlich schon selbst gespielt haben!

Die Wahrscheinlichkeit, dass beim Abdrücken kein Schuss fällt, beträgt 5/6, kurz $P(0) = 5/6$, die Wahrscheinlichkeit für das tödliche Ende $P(1) = 1/6$. Das gilt unabhängig davon, wieviel Versuche bereits stattgefunden haben.

Sie 'spielen' aber nun so lange, bis der Schuss fällt!

Die Wahrscheinlichkeit, dass Sie dieses Ergebnis genau beim 1. Versuch, genau beim 2. Versuch, genau beim 3. Versuch usw. erzielen, beträgt:

$$P_1 = \frac{1}{6}, \qquad P_2 = \frac{5}{6} \cdot \frac{1}{6}, \qquad P_3 = \frac{5}{6} \cdot \frac{5}{6} \cdot \frac{1}{6}, \qquad P_4 = \frac{5}{6} \cdot \frac{5}{6} \cdot \frac{5}{6} \cdot \frac{1}{6}, \qquad \text{usw.}$$

SMS $\quad P(000 \ldots 001) = P(0) \cdot P(0) \cdot P(0) \ldots \cdot P(0) \cdot P(0) \cdot P(1)$

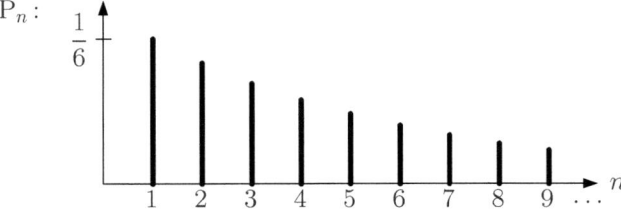

Was das Ende des Spiels betrifft, so addieren sich diese Wahrscheinlichkeiten: Die Wahrscheinlichkeit, dass z. B. der Schuss beim 1. oder 2. Versuch fällt, beträgt $P_1 + P_2$. Noch weiter aufaddiert, kommen Sie dem Wert $1 = 100\,\%$ beliebig nahe, ohne diesen zu erreichen. Theoretisch bleibt die Möglichkeit, dass nie ein Schuss fällt.

Falls Sie viele oder alle Werte aufaddieren wollen, hilft die Summenformel der geometrischen Reihe, weshalb man bei dieser Wahrscheinlichkeitsverteilung auch von einer *geometrischen Verteilung* spricht:

$$\textbf{SMS} \qquad \sum_{k=1}^{\infty}(1-p)^{k-1}\cdot p \;=\; p\cdot\sum_{k=1}^{\infty}(1-p)^{k-1} \;=\; p\cdot\frac{1}{1-(1-p)} \;=\; 1$$

Natürlich erhält man solche Verteilungen nicht nur beim russischen Roulette! Sie treten beispielsweise auch bei der Untersuchung der Wartezeiten bis zum Eintreffen eines bestimmten Ereignisses auf - besonders passend wäre hier: Die Lebensdauer von Geräten oder einzelner Bauteile! In positiver Richtung: Die Anzahl der Fehlversuche vor dem ersten Erfolg:

Nun sind Sie dran Haben Sie schon einmal heimlich Spielwürfel getestet? Erhält man bei diesem Würfel vielleicht öfter eine Sechs als beim anderen?

Sie würfeln dann solange, bis eine Sechs fällt – das war der Schuss!

Kennen Sie noch das Spiel 'Mensch ärgere Dich nicht'? Um eine Spielfigur auf das Spielfeld setzen zu dürfen, müssen Sie bekanntlich so lange würfeln, *bis eine Sechs fällt . . .*

Die Wahrscheinlichkeit für 'keine Sechs' beträgt auch hier $P(0) = 5/6$ bzw. für 'eine Sechs' $P(1) = 1/6$. Solcherart Roulette mit einem 'Dreh'–Würfel

ist sogar für Kinder unter 6 Jahren geeignet!

Die Kegelschnitte zum Frühstück

Morgenmuffel Sie begegnen uns schon beim Frühstück, aber wer achtet dann schon darauf? Ohne einen Schluck Kaffee geht schließlich gar nichts. Doch da wäre er im Kaffeebecher bereits zu erblicken, der erste Kegelschnitt! Beim Trinken bildet der Kaffee gehorsam eine Ellipse, beim Hinstellen auf den Tisch nur als Sonderfall, aber noch weniger beachtet, einen Kreis!

Beim *Schneiden* einer Wurst ergibt der genau senkrechte Schnitt einen Kreis, ansonsten wird er ellipsenförmig. Bei einem zylindrischen Glas oder Becher, bei einer Wurst oder einem Rohr handelt es sich nämlich um den Grenzfall eines Kegels. Dieser liefert beim Schnitt nur Kreis und Ellipse.

Spülen Sie doch einmal bei passender Gelegenheit die hoffentlich spitzkegelförmigen Sektgläser nicht mit der Spülmaschine, sondern einfach per Hand! Diese offenbaren Ihnen außer *Kreis* und *Ellipse* auch *Parabel* und *Hyperbel*. Sie müssen die Sektgläser nur passend ins Wasser tauchen:

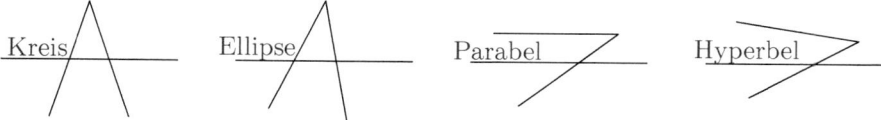

Wenn Sie den Lichtkegel einer Taschenlampe auf eine glatte Fläche richten, können Sie ebenfalls alle vier Typen eines Kegelschnittes erzeugen. Aber nur eine einzige Richtung liefert exakt einen Kreis und nur eine einzige exakt eine Parabel. So gesehen sind Kreis und Parabel reiner Zufall.

Der Gärtner war's Ellipsenförmige Beete waren früher durchaus beliebt. Das erstaunt, falls Sie sich an die etwas komplizierte Ellipsengleichung $\left(\frac{x}{a}\right)^2 + \left(\frac{y}{b}\right)^2 = 1$ aus dem Schulunterricht noch erinnern! Die Kreisgleichung $x^2 + y^2 = r^2$ ist da schon bekannter. Formt man sie einfach um zu $\left(\frac{x}{r}\right)^2 + \left(\frac{y}{r}\right)^2 = 1$, erkennt man die Verwandtschaft zur Ellipse.

Trotzdem werden Sie wohl ein kreisförmiges Beet im Garten mit ein paar einfachen Hilfsmitteln wie Pflock und Schnur anzeichnen können! Es genügt, die *geometrische Definition* eines Kreises zu kennen! Wie war das noch:

> Ein Kreis ist die Menge aller Punkte,
> die von einem festen 'Mittelpunkt' M
> einen konstanten Abstand $r > 0$ haben.

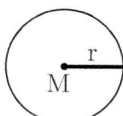

Das Ei des Kolumbus Quizfrage: wie zeichnet man ein eiförmiges Beet? Jeder Gärtner kannte früher die geometrische Besonderheit einer Ellipse. Sie besitzt *zwei* sogenannte *Brennpunkte* M_1 und M_2, von denen jeder Punkt dieser Ellipse insgesamt gleich weit entfernt ist:

> Eine Ellipse ist die Menge aller Punkte P,
> die von zwei festen 'Brennpunkten' M_1 und M_2
> insgesamt einen konstanten Abstand 2a besitzen.

$\overline{M_1P} + \overline{M_2P}$ *ergibt für jeden Punkt P der Ellipse den gleichen festen Wert!*

Machen Sie sich den Spaß und überprüfen Sie einige Punkte dieser Ellipse:

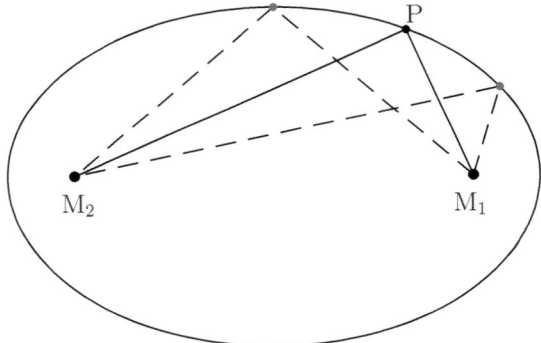

Die Gärtnerkonstruktion Stecken Sie einfach zwei Pflöcke M_1 und M_2 in die Gartenerde und verbinden sie mit einer längeren Schnur, vgl. oben: Halten Sie nun das Seil mit einer Art Zeichenstift P gespannt, so können Sie mit diesem Stift ein ellipsenförmiges Beet auf den Boden zeichnen! Die konstante Seillänge entspricht offensichtlich dem konstanten Abstand 2a.

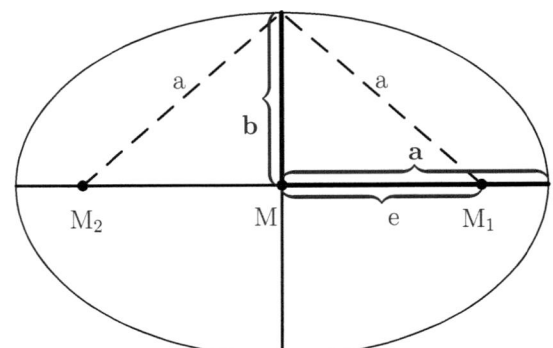

Lassen Sie uns kurz das entstandene Gebilde untersuchen:

SMS Der Mittelpunkt M der Strecke $\overline{M_1M_2}$ ist natürlich der Mittelpunkt M der Ellipse. Der Abstand von M bis zum rechten Randpunkt der Ellipse ist exakt gleich der halben Seillänge, also gleich a. Sie erkennen das sofort, indem Sie sich den Seilverlauf zu diesem Randpunkt einzeichnen:

Das doppelte Stück von M_1 bis zum rechten Randpunkt können Sie bei M_2 bis zum linken Rand ergänzen. Der *gesamte Durchmesser* der Ellipse vom inken bis zum rechten Randpunkt ist also gleich der *gesamten Seillänge* 2a.

Zeichnen Sie den höchsten Punkt der Ellipse oben über dem Mittelpunkt. Die Seillänge ist an dieser Stelle halbiert! Auch die Strecke von M_1 bis zu diesem Punkt beträgt also a. Die Entfernung von M_1 bis M bezeichnet man mit e (Exzentrität). Der Satz des Pythagoras liefert hierfür: $a^2 = e^2 + b^2$! Doch genug der Rechnung. Es dürfte klar geworden sein, dass ein Kreis nur eine spezielle Ellipse ist mit $M_1 = M_2 = M$ bzw. e = 0 bzw. a = b = r.

Konkrete Überraschung Sie wollen nun konkret ein kreisförmiges sowie ein ellipsenförmiges Beet bepflanzen und mit einer kleinen Buchsbaumhecke *umranden*: Radius r = 1,00 m bzw. Halbachsen a = 1,25 m, b = 0,80 m.

Die Pflanzfläche beim Kreis: $F = \pi r^2 = \pi \cdot (1{,}00\,m)^2 = 3{,}14\,m^2$

Entsprechend für die Ellipse: $F = \pi ab = \pi \cdot 0{,}8\,m \cdot 1{,}25\,m = 3{,}14\,m^2$.

SMS Es genügt, die Formel für die Ellipsenfläche zu kennen. Sie liefert im speziellen Fall a = b = r auch die Kreisfläche $F = \pi \cdot r \cdot r = \pi r^2$.

Der *Umfang* U des Kreises beträgt $U = \pi \cdot 2r$. Und der Umfang einer Ellipse? Als Schüler suchte ich vergeblich in allen Formelsammlungen! Heute weiß ich:

Es gibt keine elementare Formel für den Umfang einer Ellipse!

Das wollte nicht so recht in meinen Kopf. Die Ellipse hat einen Umfang, und dann muss man diesen auch berechnen können! Später lernte ich, die Bogenlänge einer Kurve mittels Integralrechnung zu bestimmen: Was man dann erhält, nennt man ein *elliptisches Integral*. Sie werden aber hierfür keine *elementare* Stammfunktion finden! Das einzige, was ich fand, waren komplizierte Tabellen. Und Sprüche, die man heute nicht mehr sagt: *der* Kreis ist eben einfach gestrickt – *die* Ellipse ist exzentrisch!

SMS Natürlich gibt es Näherungsverfahren und Näherungsausdrücke wie $U \approx \pi \cdot \left(1{,}5 \cdot (a+b) - \sqrt{a \cdot b}\right)$. Das gilt nur näherungsweise, nicht exakt! Doch für den einfachen Kreis mit a = b = r erhalten wir wieder $U = \pi \cdot 2r$.

Astronomisch Sicherlich kennen Sie folgende Näherungswerte im Kopf? Die Schallgeschwindigkeit in der Luft beträgt rund *300* Meter pro Sekunde. Beim Licht sind es in einer Sekunde schon unglaubliche 300 *Millionen* Meter, so viel wie ungefähr die Entfernung zwischen der Erde und dem Mond. Der Durchmesser (!) der Erdbahn um die Sonne misst 300 *Millionen km*! Das Licht benötigt somit 1000 Sekunden von einem Ende zum anderen. Das Sonnenlicht war also bereits 500 Sekunden unterwegs, wenn es auf die Erde trifft, und das sind mehr als 8 Minuten!

Warum ich das alles erzähle: Auch im Weltall wird irgendwie geschritten, denn Planeten– und Kometenbahnen sind Kegelschnitte! Bei einer hyperbel-förmigen Flugbahn ist die Geschwindigkeit groß genug, um nach einer Kurve um die Sonne für immer unser Planetensystem zu verlassen. Eine Parabel ist der Grenzfall! Eine winzige Verringerung der Geschwindigkeit führt zu einer Ellipsen- oder Kreisbahn um die Sonne.

Bewundernswert J. Kepler formulierte bereits 1609, dass sich die Planeten auf Ellipsenbahnen bewegen. Aber wie sollte er die Bewegung beschreiben, wo er die Bahnlänge oder Abschnitte davon nicht exakt bestimmen konnte?

Wenn man das Ergebnis erst einmal kennt, ist es irgendwie naheliegend. Der Ausweg führte natürlich über die *Flächen*bestimmung! Sein Ergebnis: Verbindet man Sonne und Planet, so überstreicht diese Linie in gleich großen Zeitabschnitten gleich große Flächen:

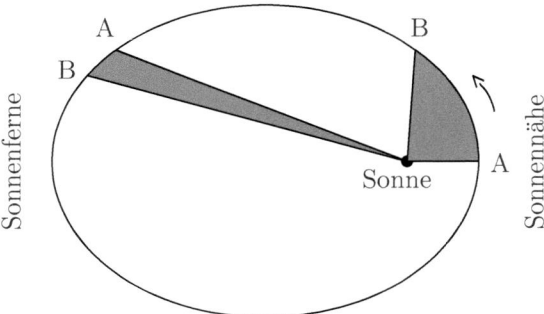

Sind die beiden dunklen Flächen gleich groß, benötigt der Planet von A nach B die gleiche Zeit, das heißt: In Sonnennähe ist er schneller!

Ein exakter Kreis als zufällige Planetenbahn ist praktisch unmöglich. Nun haben Sie sicher gelernt, die Erdbahn sei eine 'richtige Ellipse'. Dennoch könnten Sie von dieser Ellipse durchaus falsche Vorstellungen haben!

Eigentlich nicht der Rede wert? Skizzieren wir die Verhältnisse einmal maßstabsgerecht, so erkennen Sie kaum einen Unterschied zu einem Kreis! Tatsächlich betragen die beiden Halbachsen der Erdumlaufbahn:

a = 149,60 Millionen Kilometer, b = 149,58 Millionen Kilometer.

Relativ liegt der Unterschied zwischen a und b beim Bruchteil eines Promills! Wir erhalten e = 2,50 Millionen Kilometer, die Skizze zeigt die Brennpunkte! Eigentlich lassen nur diese zwei die Abweichung von der Kreisform erkennen.

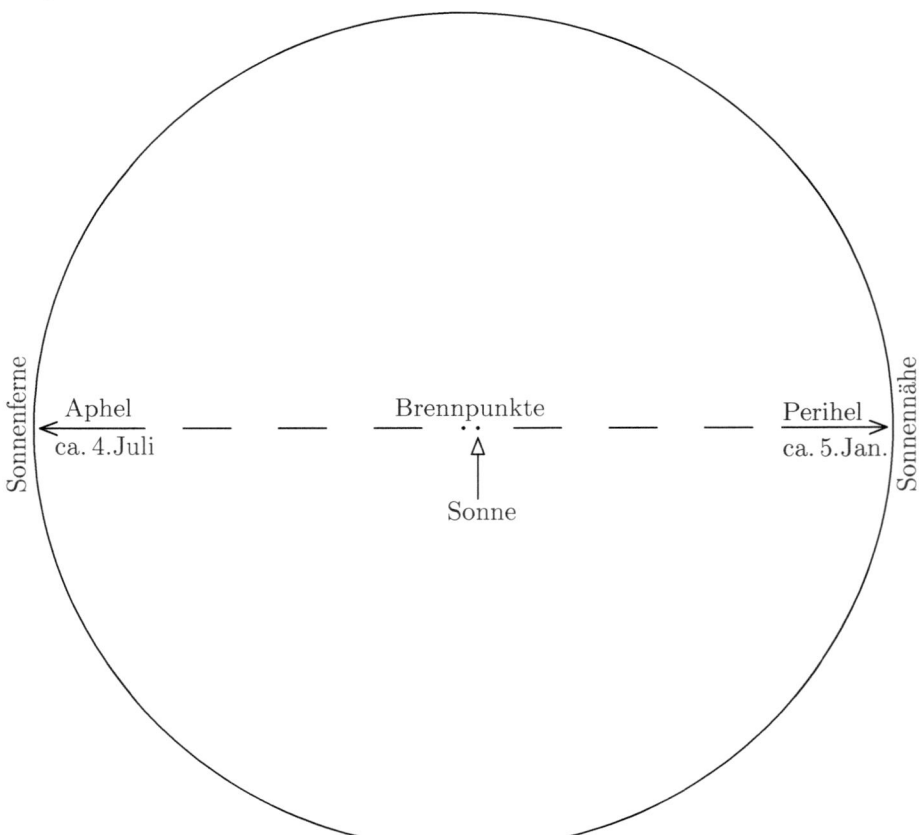

Bekanntlich ist die Lage der Sonne *nicht* im Mittelpunkt der Ellipse, sondern in einem der beiden Brennpunkte. Wir wählen den rechten, wobei die Größe der Punkte ebenfalls maßstabsgerecht zur Größe der Sonne gewählt wurde! Die Erdkugel verschwindet vollkommen in der Strichdicke ihrer Umlaufbahn.

Momentan auf der richtigen Hälfte Auf der Erdbahn sind Bewohner der Nordhalbkugel im Winter etwas näher an der Sonne als im Sommer! Der sonnenfernste Punkt der Erdbahn, das Aphel, liegt nämlich im Juli, das Perihel hingegen im Januar.

Der Grund für die Jahreszeiten und die jährlichen Temperaturschwankungen muss also ein anderer sein: Die Erdachse steht nicht genau senkrecht zur Bahnebene, sondern sie ist hierzu um mehr als 23° geneigt!

Wir schauen deshalb in der nächsten Skizze nicht von oben auf die Erdbahn, sondern von der Seite. Passend vergrößert erblicken wir die Stadt Mainz auf dem 50. Breitengrad. Die Skizze zeigt, in welchem Winkel die Sonnenstrahlen dort an einem schönen Sommermittag auf die Erde treffen und wie flach hingegen dieser Winkel im Winter ist!

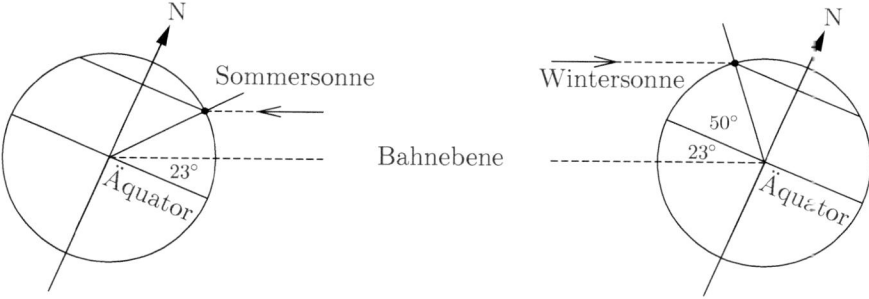

Diesen Effekt hätten wir auch bei einer Kreisbahn der Erde um die Sonne.

Die Ellipsenbahn beeinflusst Sommer und Winter auf ganz andere Weise! Jeder Planet bewegt sich in Sonnennähe schneller, während er sich in Sonnenferne beim Aphel langsamer bewegt. Die leichte Ellipsenform der Erdbahn, also der winzige Unterschied der beiden Halbachsen a und b, genügt bereits, um das Sommerhalbjahr für die Nordhalbkugel ungefähr *eine Woche länger* ausfallen zu lassen als das Winterhalbjahr!

Zählen Sie einfach nach: Von der Herbst–Tagundnachtgleiche am 22. oder 23. September bis zur Frühjahrs–Tagundnachtgleiche am 20. oder 21. März sind es meistens nur 179 Tage, von der Frühjahrs– bis zur Herbst–Tagundnachtgleiche hingegen 186 Tage. Auf der Südhalbkugel ist es umgekehrt!

Schon gut, die Sonnenferne liegt in einigen Tausend Jahren im Dezember. Sie wird dann folglich auf der Südhalbkugel den Sommer verlängern! Aber bis dahin ist ja noch etwas Zeit. Als Gartenliebhaber gilt für mich jedenfalls:

Momentan lebe ich auf der richtigen Hälfte!

Gib mir die Kugel

Mut zur Lücke Um nicht alle Flächen zu versiegeln, pflastert man Parkplätze und ähnliches oft absichtlich lückenhaft. So muss Regenwasser nicht kanalisiert werden, sondern kann wieder in den Erdboden und das Grundwasser gelangen. Kreisförmige Platten sind hierfür sicherlich eine gute und einfache Wahl. Spielen Sie den Fliesenleger und 'legen Sie mal los':

'quadratisch'   'hexagonal'

Wir denken uns das Muster natürlich beliebig fortgesetzt. Der Anteil der Lücken an der Gesamtfläche beträgt im ersten Falle links rund 21,5 %! Um das zu zeigen, legt man links ein lückenloses quadratisches Gitter darüber.

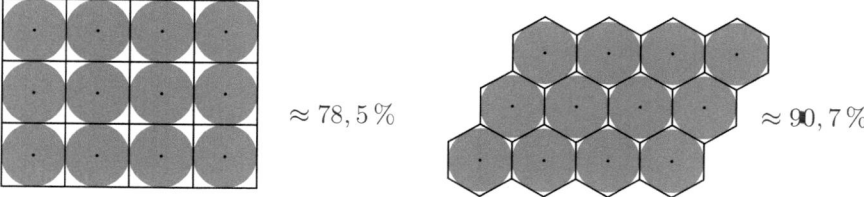

$\approx 78,5\,\%$ $\approx 90,7\,\%$

Die Mittelpunkte von Quadrat und Inkreis sind identisch. Die Seitenlänge a eines Quadrats beträgt offenbar a = 2r, die Quadratfläche $F_Q = a^2 = 4\,r^2$. Die Kreisfläche liefert aber nur $F_K = \pi \cdot r^2 \approx 3,14\,r^2$. Prozentual ausgedrückt:

$$\textbf{SMS} \quad \frac{F_K}{F_Q} = \frac{\pi\,r^2}{4\,r^2} = \frac{\pi}{4} \approx 0,785 \quad \text{bzw.} \quad F_K \approx 0,785 \cdot F_Q = 78,5\,\% \cdot F_Q$$

Die Kreisflächen betragen 78,5 % der Quadratflächen, und das bedeutet: Die Lücken machen 21,5 % der gesamten Fläche aus.

Rechts funktioniert es mit einem Gitter aus Sechsecken. Die Fläche F_S eines Sechsecks besteht aus 6 gleichseitigen Dreiecken. Man erhält $F_S = \sqrt{12} \cdot r^2$ und dass die hexagonale Anordnung $\pi/\sqrt{12} = 90,7\,\%$ der Gesamtfläche füllt!

Intuitiv ist jedem klar, dass eine dichtere Kreisanordnung unmöglich ist! Endgültig bewiesen wurde das aber erst 1940. Der Beweis ist verbunden mit berühmten Mathematikern wie Legendre, Thue, Tóth, Maler und Segre.

Der Ball ist rund Das pflegte der erste Bundestrainer Sepp Herberger zu antworten, wenn er nach dem Ausgang des nächsten Spiels gefragt wurde. Stellen Sie sich nun einmal vor, Sie sollten Fußbälle stapeln oder Orangen oder Äpfel, alle gemäß EG–Norm gleichmäßig groß. Die einzige Bedingung:

Stapeln Sie so dicht wie möglich!

Früher interessierte man sich für die Lösung dieser Aufgabe tatsächlich auch wegen einer möglichst raumsparenden Lagerung von Kanonenkugeln! Heute interessiert uns die regelmäßige Anordnung von Atomen oder Molekülen im kristallinen Aufbau von Substanzen. In der Natur sorgen Bindungskräfte für den Zusammenhalt. Dargestellt sind meistens nur die Kugelmittelpunkte:

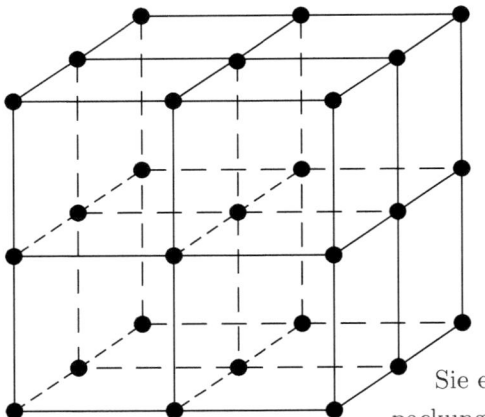

Außerdem beschränkt man sich bei derart regelmäßigen Anordungen auf die sich wiederholenden Teile.

Stellen Sie sich die Kugel- mittelpunkte gleichmäßig aufgeblasen vor, bis die Kugeln aneinander stoßen.

Sie erkennen, warum man von Gitter- packungen und von Kristallgittern spricht.

Kennt man das Kugelvolumen $V_K = \frac{4}{3}\pi r^3$ sowie das Würfelvolumen $V_W = a^3 = (2r)^3 = 8r^3$, so erhält man in diesem Falle für die Packungsdichte:

$$\mathbf{SMS} \quad \frac{V_K}{V_W} = \frac{\frac{4}{3}\pi r^3}{8r^3} = \frac{1}{6}\pi \approx 0{,}524 \qquad V_K \approx 0{,}524 \cdot V_W = 52{,}4\% \cdot V_W.$$

Fast die Hälfte einer solchen Packung besteht aus Luft. Es ist egal, ob wir große oder kleine Kugeln stapeln, also völlig unabhängig vom Maßstab. Es werden hier immer nur 52,4 % des Raumes von den Kugeln ausgefüllt!

Das finde ich überraschend wenig. Die folgende Skizze zeigt noch einmal die Sicht senkrecht von oben. Skizziert wurden zwei aufeinanderfolgende Kugelschichten, die sich natürlich ständig wiederholen:

Auf den Kugeln ● der ersten Schicht liegen genau senkrecht darüber die als durchsichtig skizzierten Kugeln ○ der zweiten, usw.

Sicht senkrecht von oben:

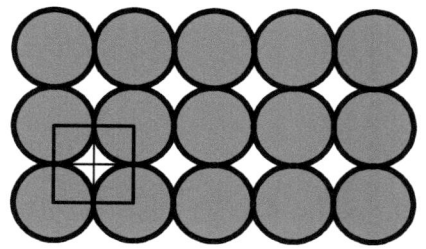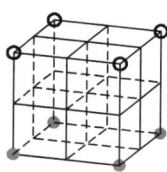

Das weiß doch jeder Obsthändler In der Regel stapelt man anders! Gehen wir noch einmal zurück auf Anfang, also zu Seite 87. Dort lassen sich die Kreise auch als aneinandergelegte Kugeln interpretieren.

Beginnen wir bei der ersten Kugelschicht in quadratischer Anordnung (links). Je vier benachbarte Kugeln bilden eine Mulde. Die nächste Schicht Kugeln legen wir also immer raumsparend in diese Mulden der Schicht darunter.

Die hexagonale Anordnung scheint noch günstiger zu sein. Allerdings sind die Mulden hier nicht so tief, die Schichtung wird also vergleichsweise höher! Die Mulden werden nur von drei Kugeln gebildet und nicht alle werden genutzt:

●: 1. Schicht   ○: 2. Schicht   3. Schicht wie 1. Schicht, usw.

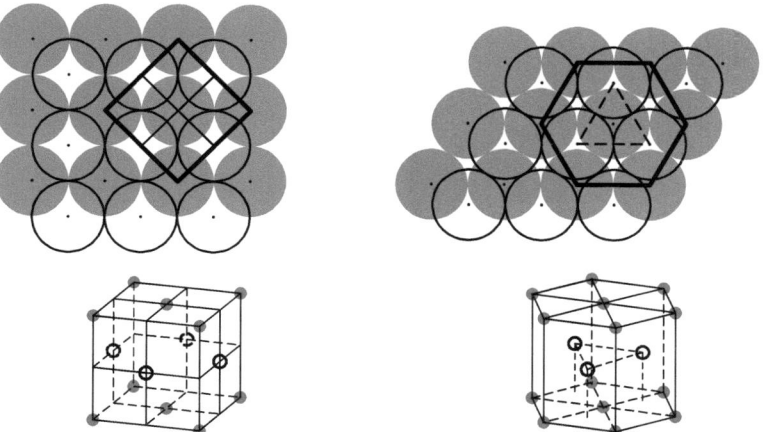

Ist links (quadratisch) die Packungsdichte höher oder rechts (hexagonal)?

Zwischenergebnis Bei solch konkreten Packungen lässt sich die Packungsdichte auch konkret ausrechnen. Das ist elementar aber durchaus mühsam. Doch es lohnt sich, denn das Ergebnis ist überraschend!

Die Packungsdichte beträgt, quadratisch wie auch hexagonal: $\frac{\pi}{\sqrt{18}} \approx 74\%$.

Tatsächlich lassen sich die beiden Schichtungsarten ineinander überführen! Ersparen Sie mir die weiteren Details, die sehr viel Platz erfordern würden.

Granatäpfel Wir haben inzwischen eine Packungsdichte von 74 % erreicht! Und bereits der Mathematiker und Astronom Johannes Kepler vermutete, dass es nicht besser ginge! Er diskutierte das bei Betrachtungen über die erstaunlich dichte Anordnung der Samenkörner beim Granatapfel, in einer Abhandlung über Formen und Muster der Natur:

„Vom sechseckigen Schnee" (De Nive Sexangula, 1611).

Der Beweis der 'Kepler–Vermutung' beschäftigte berühmte Mathematiker! Erst 1831 bewies Carl Friedrich Gauß, dass die bisher diskutierten *Gitterpackungen* eine Packungsdichte von höchstens $\frac{\pi}{\sqrt{18}} \approx 74\%$ erreichen können. Andere Wissenschaftler gingen einfach davon aus, dass die Natur eine noch dichtere Anordnung schon längst genutzt hätte! Aber vielleicht hatten wir sie noch gar nicht entdeckt?

Vertrauen ist gut, Kontrolle ist besser Ist eine höhere Dichte möglich, wenn man die derartig strenge Regelmäßigkeit von Kristallgittern verlässt? Dass dem nicht so ist, wurde schließlich erst 1998 von T.C. Hales bewiesen. Eine Meisterleistung und ein mathematischer Kraftakt! Die Verifikation vieler Teile des Beweises gelang nur mit massivem Computereinsatz.

Mathematiker akzeptieren solche Ergebnisse nur ungern, die sie nicht Schritt für Schritt selbst nachprüfen können. Für den Einsatz von Computern gibt es inzwischen feste Regeln, und das hat gute Gründe:

Bekanntlich war die erste Version des Pentium–Prozessors im Jahre 1994 fehlerhaft! Zum Beispiel ergab die Division von $4\,195\,835$ durch $3\,145\,727$ anstelle von $1{,}333\,820\ldots$ das Ergebnis $1{,}333\,739\ldots$

Und die Firma Microsoft musste 2007 zugeben, dass damals ihre Tabellenkalkulation Excel schon bei ganz einfachen Multiplikationen daneben lag. Beispielsweise wurde für $850 \cdot 77{,}1 = 65\,535$ das Ergebnis $100\,000$ angezeigt.

Das war nun wirklich 'richtig falsch'!

Ein verführerisches Angebot

Ein Glücksfall Stellen Sie sich doch einmal vor, eine kinderlose Erbtante hätte Ihnen ein Vermögen hinterlassen, noch bevor es die Pflegemafia unter sich aufteilen konnte! Während Andere ihres Alters auf Weltreise die Kreuzfahrtschiffe bevölkerten, um langgehegte Reisewünsche doch noch zu erfüllen, legte besagte alte Dame jeden mühsam ersparten Cent unter die Matratze. Das Schlafen wurde immer unbequemer, was sie bald ins Jenseits beförderte!

Zum Glück erfuhr niemand von Ihrer Erbschaft. Sie hätten sonst viele verarmte Freunde bekommen, von deren Existenz Sie vorher gar nichts wussten! Wohin also mit dem vielen Geld?

Solide wie Ihre Tante, aber weit vernünftiger, bringen Sie das Erbe zur Bank und wählen eine zwar spießige, aber berechenbare, festverzinsliche Anlage. Doch hätten Sie in der Schule bei der Prozentrechnung besser aufgepasst, wäre Ihnen heute nicht so flau im Magen ...

Jetzt geht's los Die erste Bank verspricht Ihnen nämlich, nach 25 Jahren den doppelten Betrag wieder auszuzahlen. Das ist ein Gewinn von 100%. Schon garantiert Ihnen die nächste Bank bei einer Laufzeit von 25 Jahren eine *jährliche* Verzinsung von 4%. Und Sie ahnen bereits einen Unterschied?

Sie können ihn sogar ausrechnen. Nennen wir Ihr Anfangskapital einfach K_0. Falls Sie lieber mit Zahlen rechnen, wählen Sie eine konkrete Anfangssumme, vielleicht $100\,000$ €. Aber Sie werden bald als Abkürzung K_0 hinschreiben, oder was immer Sie wollen, das ist einfach viel bequemer!

4% ist dasselbe wie $\frac{4}{100} = \frac{1}{25}$. Folglich ergeben 4% von K_0:

$$4\% \cdot K_0 = \tfrac{4}{100} \cdot K_0 = \tfrac{1}{25} \cdot K_0$$

Soviel kommen als Zinsen nach einem Jahr zu Ihrem Ausgangskapital hinzu! Folglich beträgt Ihr Guthaben am Ende des ersten Jahres:

$$K_1 = K_0 + \tfrac{1}{25} \cdot K_0 = (1 + \tfrac{1}{25}) \cdot K_0$$

Hiermit folgt im zweiten Jahr: Zu K_1 kommen $\frac{1}{25} \cdot K_1$ als Zinsen hinzu. Ihr Kapital beträgt somit nach 2 Jahren $K_2 = K_1 + \frac{1}{25} \cdot K_1$:

> **SMS** $K_2 = K_1 + \frac{1}{25} \cdot K_1 = (1 + \frac{1}{25}) \cdot K_1$ Das Kapital K_1 kennen wir schon:
> $$K_2 = (1 + \tfrac{1}{25}) \cdot K_1 = (1 + \tfrac{1}{25}) \cdot (1 + \tfrac{1}{25}) \cdot K_0 = (1 + \tfrac{1}{25})^2 \cdot K_0$$

Es ist schnell zu erkennen: Jedes Jahr kommt nur der Faktor $(1 + \frac{1}{25})$ hinzu!

Kinder bekommen auch Kinder Systematisch notiert wissen wir jetzt:

$$K_1 = (1 + \tfrac{1}{25})^1 \cdot K_0$$
$$K_2 = (1 + \tfrac{1}{25})^2 \cdot K_0$$
$$K_3 = (1 + \tfrac{1}{25})^3 \cdot K_0$$
$$K_4 = (1 + \tfrac{1}{25})^4 \cdot K_0$$
$$\vdots$$
$$K_{25} = (1 + \tfrac{1}{25})^{25} \cdot K_0$$

Falls Sie gerade einen Taschenrechner zur Hand haben, liefert dieser Ihnen sogleich den Wert: $(1 + \tfrac{1}{25})^{25} = 2{,}6658363\ldots$ Bei einem Ausgangskapital von $K_0 = 100\,000\,€$ erhielten Sie also nach 25 Jahren konkret

$$K_{25} = 2{,}6658363 \cdot 100\,000\,€ = 266\,583{,}63\,€$$

Das ist deutlich mehr als die zuerst angebotene Verdopplung Ihrer Erbschaft!

Dieser Unterschied entsteht durch den sogenannten *Zinseszins*effekt, denn: Die angesammelten Zinsen bringen im Laufe der Zeit ebenfalls wieder Zinsen und offensichtlich nicht unerheblich. Da kommt man doch ins Grübeln!

Die meisten von uns zahlen ihre (Schuld-) Zinsen *monatlich* an die Bank, da darf man doch auch einmal umgekehrt ... Wie heißt es passend dazu: Ich kann allem widerstehen, nur nicht der Versuchung.

Spiel ohne Grenzen Da uns die Zinseszinsen statt des Faktors 2 bereits den Faktor 2,66... beschert haben, haken Sie bei der nächsten Bank nach, ob man anstelle einer jährlichen auch zu einer *monatlichen* Verzinsung bereit sei?

25 Jahre entsprechen 300 Monate. Das bedeutet konkret, wir fordern jetzt:

Anstelle von 25 mal $\tfrac{1}{25}$ $(= 4\,\%)$ nun   300 mal $\tfrac{1}{300}$ $(= 0{,}333\ldots\%)$.

Nach einem *Monat* ist nun das Kapital K_0 um ein dreihundertstel angestiegen und beträgt $(1 + \tfrac{1}{300}) \cdot K_0$. Nach 2 Monaten sind es $(1 + \tfrac{1}{300})^2 \cdot K_0$, ... Und am Ende des dreihundertsten Monats sind es? Nun ja, Sie wissen schon:

$$K_{300} = (1 + \tfrac{1}{300})^{300} \cdot K_0$$

Ihre neue Bank war zu diesem Schritt bereit! Was sagt der Rechner dazu:

$$K_{300} = 2{,}7137651 \cdot 100\,000\,€ = 271\,376{,}51\,€$$

Schade, im Vergleich zu K_{25} war das nun nicht mehr so viel. Aber anstelle einer monatlichen Verzinsung könnte man vielleicht auch einmal ...

Grenzenlos Der Bankangestellte bemerkt schon den Glanz in Ihren Augen! Sie warten bereits auf das Angebot einer täglichen Verzinsung. Vielleicht ginge es ausnahmsweise auch *stündlich?* Sie bekämen dann:

$$K_{216\,000} = (1 + \tfrac{1}{216\,000})^{216\,000} \cdot K_0$$

Sicherlich ist Ihnen ist schon längst aufgefallen, dass die Beträge zum Schluss immer vollkommen gesetzmäßig aussehen! Sie lauten ganz allgemein notiert:

$$K_n = (1 + \tfrac{1}{n})^n \cdot K_0$$

Bei der ersten Bank war übrigens $n = 1$, bei der zweiten bereits $n = 25$, dann $n = 300$, schließlich $n = 216\,000$, usw. Es ist auch klar, dass der Zinseszins zu immer größeren Beträgen führen *muss*! Der Bankangestellte schaut Sie vielsagend an. Und wie im Traum hören Sie sein Angebot:

„Sie dürfen sich für Ihren Vertrag eine beliebige, konkrete Zahl n aussuchen."

Nur keine falsche Bescheidenheit, wenn man einen Banker schon so weit hat! Und sagte nicht Ihr Sprössling neulich: Papa, nenn mir mal die größte Zahl.

Falls Sie Unendlich sagen, dann bestimmen Sie doch bitte auch $(1 + \tfrac{1}{n})^n$. Beliebte Antwort: 1^∞! *Wie groß* ist dieser Unsinn, möchten Sie von der Bank $1^\infty \cdot K_0$ als Endbetrag? Was wird mit $(1 + \tfrac{1}{n})^n$, *wenn n beliebig groß* wird?

Magische Grenze Die Folge der Zahlen, die Sie durch Einsetzen von $n = 1, 2, 3, 4 \ldots$ in den Ausdruck $a_n = (1 + \tfrac{1}{n})^n$ erhalten, ist bestens untersucht. Besonders hilfreich ist in diesem Falle die Zahlenfolge $b_n = (1 + \tfrac{1}{n})^{n+1}$.

Die eine nähert sich von links, die andere von rechts ein- und demselben Grenzwert – eine beliebte Übungsaufgabe für Erstsemester der Mathematik:

$$e = 2{,}7182818 \ldots$$

$$a_n = (1 + \tfrac{1}{n})^n < (1 + \tfrac{1}{n})^{n+1} = b_n$$

Egal, welche Zahl n bzw. welche Verzinsungsschritte Sie wählen, mehr als das e-fache Ihres Kapitals K_0 werden Sie bei unserem Beispiel nie bekommen. Diese sogenannte *Eulersche Zahl* spielt in vielen Bereichen eine große Rolle:

$$\boxed{\textbf{SMS}\ \lim_{n\to\infty} \left(1 + \frac{x}{n}\right)^n = e^x, \ \sum_{k=0}^{\infty} \frac{x^k}{k!} = e^x, \ \cos x + i \cdot \sin x = e^{i \cdot x}, \ (e^x)' = e^x.}$$

Ach, ich hatte Sie überhaupt noch nicht gefragt: Sie haben gar keine Erbtante? Ich leider auch nicht ...

Es trifft immer die Falschen!

Musik schmieden

Die Hammer–Legende Pythagoras soll auch Klangverhältnisse in einer Schmiede studiert haben. Nach seinen Erkenntnissen erzeugten Hammerschläge zueinander wohlklingende Töne, wenn die Gewichte der Hämmer in bestimmten ganzzahligen Verhältnissen standen, beispielsweise $6:8:9:12$.

Danach soll er mit Musiksaiten experimentiert haben, an die er Gewichte mit diesen Zahlenverhältnissen hängte. Bei 12 (Gewichtseinheiten) anstelle von 6 soll die Saite eine Oktave höher mit doppelter Frequenz geklungen haben, beim Verhältnis $12:8 = 9:6 = 3:2$ eine Quinte höher.

Leider ist alles irgendwie falsch: Die Klangfrequenz einer Saite ist *nicht* proportional zur Zugkraft F, sondern zu $\sqrt{F}$. Und das Hammergewicht oder die Schlagkraft haben so gut wie gar keinen Einfluss auf die wahrnehmbare Tonhöhe.

Wir wollen aber den Mythos des alten Pythagoras nicht mutwillig zerstören. Vielleicht haben sich bei der Weitergabe der Erzählung einfach nur einige Fehler eingeschlichen? Entscheidend ist beispielsweise nicht der Hammer, sondern der Amboss in passender Größe!

Tatsächlich gibt es Musikstücke, bei denen Ambosse zum Einsatz kommen! Man denke an den Opernzyklus 'Der Ring des Nibelungen' von Richard Wagner. Im ersten Teil 'Das Rheingold' hören Sie 18 Ambosse, und auch in 'Siegfried' ist beim Singen der Schmiedelieder natürlich ein Amboss beteiligt. Der Berliner Komponist Albert Parlow gelangte mit seiner 'Amboss–Polka' zu Weltruhm!

Leiter ohne Sprossen Zum Glück geht es auch ohne Hammer und Amboss! Und die Tonleiter hat wohl jeder im Kopf:

$$\ldots C\ D\ E\ F\ G\ A\ H\ (C) \ldots$$

Für eine bloße Aufzählung muss man nicht unbedingt mit dem C anfangen:

$$\ldots A\ H\ C\ D\ E\ F\ G\ (A) \ldots$$

Mit einem B anstelle von H ergäbe das einfach den Anfang des Alphabets: A, B, C, D, E, F, G. So war und ist es in anderen Ländern auch üblich! Angeblich soll ein Mönch in deutschen Landen beim Abschreiben aus einem schlecht notierten b ein h gelesen haben? Wie auch immer, wir bleiben dabei.

Oktave und Quinte Wir greifen nun lieber zu einem Saiteninstrument. Mit nur einer Saite nennt man es Monochord. Damit es nicht langweilig wird, wollen Sie natürlich einige Saiten hinzufügen, so wie es ja auch bei der historisch uralten Harfe der Fall ist. Sofern Material und Saitenspannung unverändert bleiben, hängt die Tonhöhe der Saite nur von ihrer Länge ab!

Verlängerung der Saite verringert proportional die Tonhöhe und umgekehrt:

Wie unterscheiden sich die Frequenzen, wenn eine Saite doppelt so lang ist?

Längenfaktor 2 $\quad\downarrow$ ⊢————————⊣ $\quad\uparrow$ Längenfaktor $\frac{1}{2}$
Frequenzfaktor $\frac{1}{2}$ $\qquad$ ⊢————————————⊣ $\qquad$ Frequenzfaktor 2

$\qquad$ 1 Oktave abwärts $\qquad\qquad$ 1 Oktave aufwärts

Die kürzere Saite klingt eine Oktave höher, sie schwingt doppelt so schnell. Durch Längenverdopplung wird umgekehrt der Ton um eine Oktave tiefer. Bei halber Länge doppelte Frequenz – bei doppelter Länge halbe Frequenz:

Länge und Frequenz sind umgekehrt proportional, ihr Produkt ist konstant!

Eine Oktave Unterschied klingt nicht wirklich anders, aber nun zur Quinte:

Wie unterscheiden sich die Frequenzen, wenn eine Saite 1,5-mal so lang ist?

Für den Faktor 1,5 wählen wir die Bruchdarstellung $\frac{3}{2}$, der Kehrwert ist $\frac{2}{3}$.

Längenfaktor $\frac{3}{2}$ $\quad\downarrow$ ⊢————————⊣ $\quad\uparrow$ Längenfaktor $\frac{2}{3}$
Frequenzfaktor $\frac{2}{3}$ $\qquad$ ⊢————————————⊣ $\qquad$ Frequenzfaktor $\frac{3}{2}$

$\qquad$ 1 Quinte abwärts $\qquad\qquad$ 1 Quinte aufwärts

Die Frequenz der kürzeren Saite erhöht sich um den Faktor $\frac{3}{2}$. Zum Beispiel würden aus 440 Hertz (Schwingungen pro Sekunde) nunmehr 660 Hertz. Umgekehrt müssten Sie die Frequenz der kürzeren Saite mit dem Kehrwert $\frac{2}{3}$ multiplizieren, um wieder die Tonhöhe der längeren Saite zu erhalten: Aus beispielsweise 660 Hertz werden durch Verlängern der Saite 440 Hertz.

Der Unterschied um den Faktor $\frac{3}{2}$ beziehungsweise $\frac{2}{3}$ heißt Quinte!

Um ein Tonintervall zu stimmen, genügt es, ein geeignetes Lied zu summen: Eine *Quinte abwärts* liefert: 'Ick↘ heff mol en Hamburger Veermaster sehn'. Mit einer *Quinte* beginnt jedoch: 'Morgen↗ kommt der Weihnachtsmann'. Das funktioniert auch im Sommer, ließe sich also zeitlich oder lokal anpassen, zum Beispiel als 'Morgen kommt der Osterhas', oder für das alte Ägypten 'Morgen kommt der Pharao':

Neue Saiten aufziehen Oktavbildung durch Halbieren oder Verdoppeln der Frequenz liefert keine wirklich neuen Töne. Singt ein Mann ein Lied um eine Oktave tiefer als eine Frau, bleibt es im wesentlichen dieselbe Melodie.

Neue Töne erhalten wir durch Quintenbildung! Das geschieht rechnerisch durch Multiplikation der Saitenfrequenzen mit dem Faktor $\frac{2}{3}$ für absteigende bzw. $\frac{3}{2}$ im Falle aufsteigender

$$\text{Quintenbildung:} \quad \ldots \frac{2}{3}, \quad 1, \quad \frac{3}{2}, \quad \left(\frac{3}{2}\right)^2, \quad \left(\frac{3}{2}\right)^3, \quad \left(\frac{3}{2}\right)^4, \quad \left(\frac{3}{2}\right)^5, \ldots$$
$$\ldots \text{F}, \quad \text{C}, \quad \text{G}, \quad \text{D}, \quad \text{A}, \quad \text{E}, \quad \text{H}, \ldots$$

Mit der Einordnung in *eine* Oktave beginnt nun die eigentliche Feinarbeit: Der Frequenzfaktor muss *zwischen* 1 für das C und dem Faktor 2 für das nächsthöhere c liegen! Das ist beim Faktor $\frac{3}{2} = 1{,}5$ für das G noch erfüllt.

SMS $\left(\frac{3}{2}\right)^2 = \frac{9}{4} = 2{,}25$ liegt schon in der nächsten Oktave! Wir halbieren mit dem Frequenzfaktor $\frac{1}{2}$: Mit $\frac{9}{8} = 1{,}125$ erklingt der Ton nun eine Oktave tiefer wieder im gewünschten Bereich mit dem Faktor 1 für C, und 2 für c.

Auf analoge Weise wird aus $\left(\frac{3}{2}\right)^3 = 3{,}375$ der Faktor $\frac{27}{16} = 1{,}6875$. Und aus $\left(\frac{3}{2}\right)^4 = 5{,}0625$ wird nach Teilen durch 4 der Faktor $\frac{81}{64} = 1{,}265625$, usw. ...

Der Wert $\frac{2}{3} < 1$ liegt unterhalb von 1 bzw. C. Mit dem Faktor 2 rücken wir eine Oktave höher und erhalten den Faktor $\frac{4}{3}$, nun wieder zwischen 1 und 2.

Nun artet es doch in Arbeit aus! Wir müssen die erhaltenen Faktoren aber nur noch der Größe nach ordnen, um die *Reihenfolge* der Töne zu bestimmen. Für die obigen 7 Quinten erhalten wir auf diese Weise schließlich als Ergebnis

Die glorreichen Sieben

Frequenzfaktor:	1	$\frac{9}{8}$	$\frac{81}{64}$	$\frac{4}{3}$	$\frac{3}{2}$	$\frac{27}{16}$	$\frac{243}{128}$	(2)
Notenwert:	C	D	E	F	G	A	H	(c)

Erst bei einer genauen Analyse erkennt man die Perfektion dieses Resultats! Von C nach D kommen wir mit dem Frequenzfaktor $\frac{9}{8}$. Das nennt man einen Ganztonschritt. Ebenso gelangen wir von D nach E mit dem Faktor $\frac{9}{8}$, also wieder ein Ganztonschritt. Wegen $\frac{81}{64} \cdot \frac{256}{243} = \frac{4}{3}$ führt von E nach F aber der Faktor $\frac{256}{243}$. Das nennt man einen Halbtonschritt! Und schauen Sie weiter:

$$1 \xrightarrow{} \frac{9}{8} \xrightarrow{} \frac{81}{64} \xrightarrow{} \frac{4}{3} \xrightarrow{} \frac{3}{2} \xrightarrow{} \frac{27}{16} \xrightarrow{} \frac{243}{128} \xrightarrow{} 2$$
$$\text{C} \quad \cdot\tfrac{9}{8} \quad \text{D} \quad \cdot\tfrac{9}{8} \quad \text{E} \quad \cdot\tfrac{256}{243} \quad \text{F} \quad \cdot\tfrac{9}{8} \quad \text{G} \quad \cdot\tfrac{9}{8} \quad \text{A} \quad \cdot\tfrac{9}{8} \quad \text{H} \quad \cdot\tfrac{256}{243} \quad \text{c}$$

Glückwunsch, das haben die alten Griechen wirklich perfekt hinbekommen!

Weitermachen Bei den *aufsteigenden* Quinten hatten wir mit $(\frac{3}{2})^5$ aufgehört, was uns zum Ton H führte. Machen wir weiter mit $(\frac{3}{2})^6$, mit $(\frac{3}{2})^7$, $(\frac{3}{2})^8$, ... , so führt uns das zu Fis, Cis, Gis, ... Das kommt uns wie gerufen:

Zum Beispiel erfordert die Tonleiter mit D als Grundton auch Fis und Cis. Und phantastischerweise ist von D nach E und von E nach Fis wieder ein Ganztonschritt, und von Fis nach G sowie von Cis nach D ein pythagoräischer Halbtonschritt, alles genau analog wie mit C als Grundton!

Machen wir bei den *absteigenden* Quinten weiter mit $(\frac{2}{3})^2$, $(\frac{2}{3})^3$, $(\frac{2}{3})^4$, ... , erhalten wir B, Es, As, ... Zusammenfassend wird daraus der sogenannte

Quintenzirkel Im Uhrzeigersinn erkennen Sie die aufsteigenden Quinten, entgegen die absteigenden. Diese Folgen lernt jeder Musikschüler auswendig – von C ausgehend mit Merksprüchen wie etwa

rechts: **G** eh' **D** u **A** lter **E** sel **H** ol **Fis** ch!

links: **F** rische **B** rötchen **Es** sen **As** se **Des** **Ges** angs!

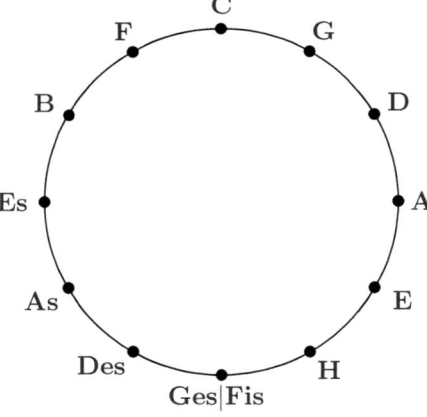

Der böse Wolf Nun wären wir also bei 12 Tönen angelangt, falls(!) Ges = Fis? Aber Nachrechnen ergibt das Gegenteil!

$$\textbf{SMS}\quad \text{Ges} = \left(\frac{2}{3}\right)^6 \cdot 2^4 = \frac{2^{10}}{3^6} = 1{,}405 \neq 1{,}424 = \frac{3^6}{2^9} = \left(\frac{3}{2}\right)^6 \cdot 2^{-3} = \text{Fis}$$

Knapp daneben ist auch vorbei! Falls Sie mitreden wollen: Der Faktor, um den Fis größer ist als Ges, heißt *pythagoräisches Komma* und beträgt $\frac{3^{12}}{2^{19}} = 1{,}0136\ldots$ Das sind also nur 1,36 % zu viel, aber Sie hören es deutlich!

Folglich benötigten Sie beim Cembalo oder Klavier eine Taste für Fis und eine weitere für Ges. Und ebenso eine Taste für Des und eine für Cis ...

Das wollte man vermeiden! Nehmen wir zum Beispiel Fis als Ersatz für Ges, und Ais als Ersatz für B, usw. Doch Ais liegt als Ersatz für B wieder zu hoch, so dass die Quinte zurück zu F merklich kleiner wird. Eine solche Quinte klang unseren Vorfahren schrecklich in den Ohren. Man bezeichnete sie als *Wolfsquinte*. Und ganz egal, wo Sie ausweichen, der Wolf beißt irgendwo zu!

Man platzierte daher die Wolfsquinte in eher ungebräuchlichere Tonarten. Gebissen waren damals auch nur Tasteninstrumente wie Orgel und Cembalo! Sänger, Streicher sowie Bläser ohne die heutigen Ventile oder Klappen waren nicht daran gebunden – sofern sie nicht mit Orgel oder Cembalo zusammen spielten. Die *Quint-* oder *pythagoräische Stimmung* gebrauchte man bis zum Beginn des Mittelalters ca. 1300 n.C.

Entdecke die Möglichkeiten Anschaulich entspricht eine Quinte zwei Personen, wobei die eine 2 und die andere gleichzeitig 3 Schritte macht. Das Schrittverhältnis 4 : 3 bzw. 3 : 4 heißt Quarte und findet sich zum Beispiel als Tonschritt von C zum folgenden F, von G zum höheren c, usw.

Angenehm empfinden wir auch die große Terz 4 : 5 und die kleine Terz 5 : 6. Diese beiden gab es in der pythagoräischen Tonleiter aber nicht!

Solche Überlegungen führten zu vielerlei Korrekturen. Eine brillante Lösung war die in den Jahren 1300 – 1800 sehr gebräuchliche *Reine Stimmung*:

	C	D	E	F	G	A	H	c
Pythagoräisch :	1	$\frac{9}{8}$	$\frac{81}{64}$	$\frac{4}{3}$	$\frac{3}{2}$	$\frac{27}{16}$	$\frac{243}{128}$	2
Reine Stimmung:	1	$\frac{9}{8}$	$\frac{5}{4}$	$\frac{4}{3}$	$\frac{3}{2}$	$\frac{5}{3}$	$\frac{15}{8}$	2

Verblüffend, was die kleine Korrektur bei E erzielt, also $\frac{5}{4} = \frac{80}{64}$ anstelle $\frac{81}{64}$:

$$C : E : G = 1 : \frac{5}{4} : \frac{3}{2} = 4 : 5 : 6$$

Das ist exakt eine große plus eine kleine Terz und zusammen eine Quinte! Dieser wunderschöne Dreiklang C, E, G ist ein Wohlklang in unseren Ohren. Sie finden ihn aufgrund der Korrekturen nun auch als F, A, c und G, H, d! Doch Musiker wissen, dass diese Tonleiter wiederum andere Nachteile besitzt. Es folgte ab 1450 die 'mitteltönige Stimmung' und viele weitere Vorschläge. Ein Meister des Ausgleichs war der Musiktheoretiker und Organist Andreas Werckmeister (1645–1706). Von ihm sind mehrere Varianten bekannt.

Ave Maria Johann Sebastian Bach war davon begeistert und nutzte es kompositorisch für sein Werk 'Das Wohltemperierte Klavier' aus 24 Präludien und 24 Fugen, durch alle Tonarten, oder wie es im Original heißt:

'Das Wohltemperirte Clavier. oder Praeludia, und Fugen durch alle Tone und Semitonia, So wohl tertiam majorem oder Ut Re Mi anlangend, als auch tertiam minorem oder Re Mi Fa betreffend ... '.

Kennen Sie nicht? Ganz sicher doch:

Genießen Sie zum Beispiel das C–Dur Präludium, bekannt als *Ave Maria*! Weitgehend unbekannt blieb die von Bach genutzte 'Wohltemperierung'.

Nicht nur Musikhistoriker wüssten gerne, wie es damals genau geklungen hat.

Ein irrationaler Kompromiss Man muss auch Kompromisse eingehen! Auf eher 'demokratische' Art wurde nun der Gordische Knoten durchtrennt.

Vermutlich hätte aber die heute am meisten benutzte *gleichtemperierte* oder *gleichstufige Stimmung* dem alten Pythagoras die gute Stimmung geraubt:

Abgesehen von den Faktoren ... $\frac{1}{2}$, 1 , 2 ... wurde alles 'irrational'! Bereits die zweite wie auch die dritte Wurzel aus 2 bereitete den alten Griechen unlösbare Probleme. Und bei der *gleichstufigen* Stimmung kommt nun sogar die *zwölfte Wurzel* ins Spiel! Unglaublich, mehr davon ab Seite 110.

Das Testband der Liebe

Wunderland Um eine mathematische Vermutung zu beweisen oder zu widerlegen, benötigt man Ausdauer, denn niemand zeigt den Weg dorthin. Die allermeisten Versuche erweisen sich leider als Irrweg. Viele berühmte Vermutungen sind bis heute noch nicht geklärt. Daher sagt man auch ironisch:

> *Die Hauptarbeit eines Mathematikers besteht darin,*
> *Papier durch Beschreiben unbrauchbar zu machen.*

Außerdem benötigt man für die Lösungsansätze entsprechend viel Wissen und *Phantasie*. Manchmal schreiben Mathematiker sogar Kinderbücher, zum Beispiel Lewis Carroll mit *Alice im Wunderland.*

Auch das folgende Beispiel führt uns in eine Art Wunderland, die Topologie! Sie ist ein wichtiges, aber recht abstraktes Teilgebiet der Mathematik und behandelt Flächen in Räumen, auch in höheren Dimensionen. Wir wagen nur einen winzigen Schritt, denn selbst Mathematiker bemerken gern ironisch:

> *Wie betreibt man Topologie? Antwort: Ganz vorsichtig!*

Alles hat ein Ende, nur die Wurst hat zwei, besagt der Volksmund, was mit der Kreisfigur natürlich sofort widerlegt ist. Außerdem heißt es selbstverständlich, *alles hat zwei Seiten,* was wir nun auch widerlegen wollen, ohne gleich die exakte mathematische Sprechweise der Orientierung zu verwenden. Stattdessen werden wir der Öffentlichkeit auch sofort eine überraschende Anwendung der folgenden Figur präsentieren. Bereiten Sie sich auf etwas vor:

Das Möbiusband Nehmen Sie einen Streifen Papier, biegen die beiden

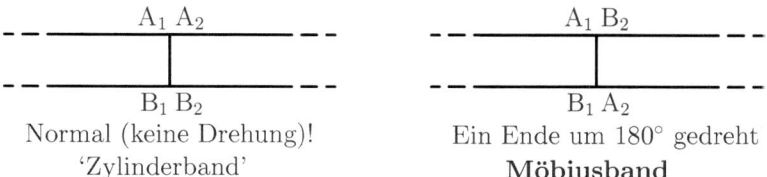

Enden nach oben und kleben sie zusammen! Hier zwei mögliche Varianten:

A₁ A₂	A₁ B₂
B₁ B₂	B₁ A₂
Normal (keine Drehung)!	Ein Ende um 180° gedreht
'Zylinderband'	**Möbiusband**

Die beiden Enden des Streifens dürfen beim Kleben natürlich etwas überlappen. Oder Sie benutzen ein breites Klebeband.

Einseitig Das Zylinderband besitzt wie das Ausgangsband eine Vor- und Rückseite. Kleine Lebewesen auf dem Band erreichen zwei verschiedene Punkte der beiden Seiten nur, indem sie eine der beiden Kanten überqueren. Beim Möbiusband ist das nicht erforderlich – es hat nur eine einzige Seite, so dass es eine Verbindungslinie längs des Bandes gibt! Auch besitzt es nur eine einzige Kante. Prüfen Sie es doch einfach nach, falls Sie es nicht glauben.

Dieses Band wurde erstmals 1862 bzw. 1865 von den Mathematikern August Ferdinand Möbius und Johann Benedikt Listing beschrieben. Beide gelten als Mitbegründer der Topologie. Verwechseln Sie aber nicht A. F. Möbius mit Herrn Johann Wilhelm Möbius in dem Theaterstück von Dürrenmatt: „Die Physiker".

Das Möbiusband wird heute noch für lange und teure Förderbänder benutzt. Aufgrund der Einseitigkeit nutzt es sich gleichmäßig ab! Wir wagen uns nun stattdessen auf eine Hochzeitsfeier, um die Mathematik zum Zaubern zu benutzen. Eine weitere überraschende Eigenschaft habe ich Ihnen nämlich noch gar nicht genannt.

Sie benötigen nur breites Stoffband und fertigen daraus *ein Zylinderband* und *ein Möbiusband*. Die Enden in diesem Falle natürlich zusammennähen! Wählen Sie zwei verschiedene Farben, damit Sie die Bänder im Eifer des Gefechts nicht verwechseln. Das Möbiusband am besten in strahlendem Weiß, das andere zumindest in Creme.

Nun benötigen Sie nur noch eine scharfe Stoffschere und eine passende Geschichte. Treten Sie vor die Hochzeitsgesellschaft und beginnen (Beispiel):

Der spannende Moment „Liebes Brautpaar, liebe Gäste. Mir ist es nach langer Forschung endlich gelungen, die Stärke einer Verbindung zwischen zwei Liebenden mit einem einfachen Band zu testen, sozusagen mit dem Band der Liebe!

Leider funktioniert dieser Test nur mit der Braut, denn anscheinend stört allgemein die Grobmotorik der Männer die Feinnervigkeit dieses Bandes. Ich entwickele zur Zeit aber auch einen Test für den Bräutigam mittels Hammer und Nagel.

Bei Gästen ist der Test natürlich wirkungslos, was ich zunächst an diesem Band demonstriere. Der Test besteht darin, dieses Band längs der Mitte einmal rundherum zu zerschneiden. Zerfällt das Band zum Schluss in zwei getrennte Teile, ist auch die Trennung der Beziehung nicht weit!"

Sie werden ein Raunen in der Gesellschaft vernehmen, denn jeder erwartet ja eine Trennung des Bandes in zwei einzelne Bänder. Und genau das bestätigt sich auch, nachdem Sie das Zylinderband längs der Mittellinie durchschnitten haben. Zeigen Sie demonstrativ dem Publikum die beiden getrennten Ringe bzw. Bänder.

Bei einem locker fallenden Stoffband ist auch viel schwieriger zu erkennen, ob es vor dem Zusammennähen gedreht wurde oder nicht. Denn nun kommt der eigentlich spannende Moment. Sie halten jetzt nur noch das Möbiusband in Ihren Händen:

„Nun möchte ich endlich unsere wunderschöne Braut nach vorne bitten, um sich mutig diesem schicksalhaften Test zu stellen!"

Frauen bereitet das Zerschneiden des Bandes längs der Mittellinie keinerlei Probleme. Gelangen sie jedoch nach einer Umrundung zum Anfang zurück, werden sie unsicher, denn selbstverständlich möchte niemand in diesem Moment etwas falsch machen. Bleiben Sie daher an der Seite der Braut und reden ihr gut zu, gezielt bis zum Anfang weiter zu schneiden.

Tatsächlich bildet sich nun kein zweiter Ring, sondern das Band in ihrer Hand wird überraschenderweise doppelt so lang! Helfen Sie der Braut, diesen Ring hochzuhalten, um das glückliche Ergebnis zu präsentieren! Der Applaus des erstaunten Publikums wird der erleichtert lächelnden Braut gewiss sein!

Noch mehr Für eigene Experimente ist das steifere Papier besser geeignet. Beim Zerschneiden des Möbiusbandes in der Mitte entsteht ein 'normales' Band mit zwei Kanten, soll heißen: Zwei Punkte auf Vor- und Rückseite lassen sich nicht mit einer Linie verbinden, ohne eine Kante zu überqueren.

Durchschneiden Sie das Möbiusband ein zweites Mal längs der Mittellinie, erhalten Sie zwei Bänder beziehungsweise Ringe, aber diese sind nun unlösbar miteinander verschlungen. Dasselbe Ergebnis erhält man, wenn Sie bei der Herstellung des Bandes das eine Ende nicht um 180°, sondern um 360° drehen, und dieses Band dann längs der Mitte zerschneiden! Dritteln anstelle zu halbieren liefert ein anderes überraschendes Ergebnis. Experimentieren Sie! Und wer weiß es schon?

Vielleicht leben wir auf einer 3-dimensionalen Oberfläche
einer 4-dimensionalen Kugel?

Musik mit vielen Wurzeln

Alle sind gleich Am Ende einer Vetretungsstunde fragte uns überraschend der betreffende Lehrer noch schnell:

Was hat die zwölfte Wurzel aus Zwei mit Musik zu tun?

Hätten Sie's gewusst? Die Zeit drängte und zum Erklären kam er nicht mehr. Allerdings war ich verwirrt und verblüfft. Bisher kannte ich nur zweite und dritte Wurzeln. Zum Beispiel ist $\sqrt[3]{2} = 2^{\frac{1}{3}} = 1{,}25992\ldots$ diejenige Zahl, die dreimal mit sich selbst multipliziert den Wert 2 ergibt.

Erst langsam dämmerte es mir, dass es ja auch eine vierte, fünfte und sogar zwölfte Wurzel geben würde. Taschenrechner existierten damals noch nicht! Heutzutage liefern sie uns sofort:

$$\sqrt[12]{2} = 2^{\frac{1}{12}} = 1{,}05946\ldots$$

Nur der Lösung der Frage sind wir hiermit keinen Schritt näher gekommen! Doch es genügt ein Blick auf ein Klavier mit je 12 Tonschritten pro Oktave:

$$C \xrightarrow{1.} Cis \xrightarrow{2.} D \xrightarrow{3.} Dis \xrightarrow{4.} E \xrightarrow{5.} F \xrightarrow{6.} Fis \xrightarrow{7.} G \xrightarrow{8.} Gis \xrightarrow{9.} A \xrightarrow{10.} Ais \xrightarrow{11.} H \xrightarrow{12.} c$$

Wie groß sind eigentlich die *Pythagoräischen Halbtonschritte*, das heißt, um welchen Faktor ist die Frequenz eines Tones höher als die seines Vorgängers? Falls Sie noch mit dem Verfahren ab Seite 101 vertraut sind, können Sie es selber ausrechnen und bestätigen.

Es gibt zwei *verschieden große* pythagoräische Halbtonschritte!

(I) $\quad C \xrightarrow{1.} Cis, \ D \xrightarrow{3.} Dis, \ F \xrightarrow{6.} Fis, \ G \xrightarrow{8.} Gis, \ A \xrightarrow{10.} Ais$

(II) $\quad Cis \xrightarrow{2.} D, \ Dis \xrightarrow{4.} E, \ E \xrightarrow{5.} F, \ Fis \xrightarrow{7.} G, \ Gis \xrightarrow{9.} A, \ Ais \xrightarrow{11.} H, \ H \xrightarrow{12.} c.$

Fachkreise sprechen von Apotome (I) und Limma (II). Ihr Produkt ergibt einen (pythagoräischen) Ganztonschritt der Größe $\frac{9}{8}$. Und das Verhältnis von Apotome durch Limma ergibt wieder das pythagoräische *Komma*. Bevor Sie jetzt ins *Koma* fallen, schnell einen *Punkt*. Die Zahlenwerte sind:

SMS	(I) $\dfrac{3^7}{2^{11}} = \dfrac{2\,187}{2\,048} = 1{,}06787\ldots$	(II) $\dfrac{2^8}{3^5} = \dfrac{256}{243} = 1{,}05349\ldots$

Der erste Wert ist nur ein wenig *größer als* $\sqrt[12]{2}$, der zweite etwas *kleiner*!

Ersetzen wir die beiden Faktoren durch ein- und dieselbe Zahl $z = \sqrt[12]{2}$.

C$| \cdot z$ Cis$| \cdot z$ D$| \cdot z$ Dis$| \cdot z$ E$| \cdot z$ F$| \cdot z$ Fis$| \cdot z$ G$| \cdot z$ Gis$| \cdot z$ A$| \cdot z$ Ais$| \cdot z$ H$| \cdot z$ c

Soll heißen: C wird um den Faktor $z = \sqrt[12]{2}$ höher zu Cis, Cis wird um den Faktor $z = \sqrt[12]{2}$ höher zu D, usw. Nach dem 12. Halbtonschritt hat sich dann die Ausgangsfrequenz um den *Gesamtfaktor* $(\sqrt[12]{2})^{12} = 2$ erhöht. Wir sind also exakt um eine Oktave höher beim nachfolgenden c gelandet!

Der Wolf ist tot Alle Halbtonschritte gleich groß zu wählen, nennt man *gleichschwebende* oder auch *gleichtemperierte* oder *gleichstufige* Stimmung! Sie setzte sich allmählich im 18. Jahrhundert durch. Andere Stimmungen gibt es fast nur noch bei historischen Instrumenten.

Zuerst die schlechte Nachricht: Mit Ausnahme der Oktave stimmt eigentlich *gar nichts mehr!* Wählen wir als Beispiel die altbekannte reine Quinte 3 : 2, etwa die von C nach G. Der Gesamtfaktor für die 7 Halbtonschritte beträgt

$$\underbrace{\sqrt[12]{2} \cdot \sqrt[12]{2} \cdot \sqrt[12]{2} \cdot \sqrt[12]{2} \cdot \sqrt[12]{2} \cdot \sqrt[12]{2} \cdot \sqrt[12]{2}}_{\text{siebenmal}} = \underbrace{\sqrt[12]{2^7}}_{\text{Quinte}} = 1{,}4983 \neq 1{,}5 = \frac{3}{2}$$

Die Quinte ist leider immer ein wenig zu klein. Doch die meisten Menschen bemerken einen Unterschied von weniger als 4 Promille nur beim Alkohol! Und musikalisch beträgt der Unterschied hier nicht viel mehr als 1 Promille.

Musiker sahen das keineswegs so nüchtern und bekamen durch das radikale Wurzelziehen auch ziemliche Zahnschmerzen. Schließlich ging es ihnen bei der Wahl einer Tonart doch nicht nur um deren simple Höhe. Vielmehr verloren durch diese Radikalität die verschiedenen Tonarten ihren seit der Barockzeit ganz eigenen Charakter! Komponisten wählten damals C–Dur als 'Tonart des Lichts', während beispielsweise Es–Dur vom Klangcharakter als 'heroische Tonart' empfunden wurde:

So widmete Beethoven seine 3. Symphonie zunächst Napoleon Bonaparte! Obwohl er später enttäuscht diese Widmung ausradierte, blieb es beim Titel 'Heroische Symphonie' mit dem Beinamen 'Eroica', aus dem Griechischen für 'heroisch'. Nur einmal dürfen Sie raten, in welcher Tonart dieses Werk geschrieben wurde, in Es–Dur, Bingo!

Die gute Nachricht: Es gibt keine Unterscheidung mehr zwischen Es und Dis, zwischen B und Ais, usw., wie bei der pythagoräischen Stimmung, vgl S. 104. Die Quinte ist zwar nicht mehr das, was sie einmal war, aber der Wolf ist tot: Die schreckliche Wolfsquinte gibt es nicht mehr. Möchten Sie eine Melodie in einer höheren oder tieferen Tonlage spielen, versperrt kein Wolf den Weg!

<u>Reine</u> aufeinanderfolgende Quinten bilden eine <u>endlose</u> Reihe oder *Spirale*. Heute kommen Sie nach 12 Quinten immer zum Ausgangston zurück. *Der Kreis schließt sich*! Ohne 'Halbieren' durchläuft man *exakt* 7 Oktaven:

$$12 \text{ Quinten nacheinander} = (\underbrace{\sqrt[12]{2^7}})^{12} = 2^7 = 7 \text{ Oktaven}$$

Der genannte Kreis heißt *Quintenzirkel*. Sie kennen ihn bereits von Seite 102. Die 12 Quinten aufwärts sind im Uhrzeigersinn angeordnet. Beispielsweise ist es von F zum nächsthöheren C oder von D zu A eine Quinte!

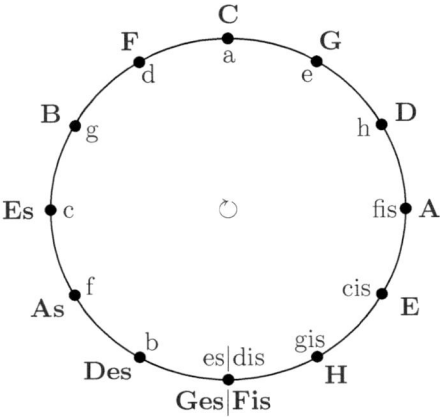

Die linke Tour Erkennen Sie auf dem Notenblatt die Tonart eines Stückes? G-Dur hat 1 Kreuzvorzeichen ♯, bei D-Dur sind es 2, bei A–Dur genau 3, usw. Nun die linke Tour: Bei F–Dur gibt es 1 ♭, bei B–Dur 2, Es–Dur hat 3, usw. Bei Ges–Dur sind 6 der 7 Grundtöne mit einem ♭ versehen, bei Fis 6 mit ♯.

Im Kreisinneren ordnet man noch gerne die parallelen Moll–Tonarten an: So gehört a–moll zu C–Dur, e–moll zu G–Dur und so weiter. Im Prinzip müssen Sie nur den Außenkreis um 90° nach links drehen und Groß– durch Kleinbuchstaben ersetzen! Doch notiert man bei ♯–Tonarten sinnvollerweise 'des' als 'cis', 'as' als 'gis' und 'es' als 'dis'.

Nun schlägt's A–Dur Mich erinnert der Quintenzirkel etwas an eine Uhr. Fehlen doch nur die Zeiger! Wie wäre es denn mit einem Schlagwerk, das zur vollen Stunde den betreffenden Akkord erklingen lässt? Um 1 Uhr G–Dur, 2 Uhr D–Dur, usw. Nach 12 Stunden dann die betreffenden Moll–Akkorde, wahlweise auch umgekehrt. Wäre das keine Alternative zu Kuckucksuhren?

Wer ein absolutes Gehör besitzt, weiß natürlich sofort, was die Stunde geschlagen hat! Chinesen verfügen im allgemeinen über ein besseres Tonhöhenempfinden als wir, denn dessen Gebrauch ist in ihrer Sprache fest verankert.

Wer von uns kann schon chinesisch, aber vielleicht wird das bald anders?

Gitarrenbau Falls Sie eine Gitarre bauen wollen, benötigen Sie bei der Anbringung der Bundstäbe den Wert $a = 1/\sqrt[12]{2} = 0{,}943\ldots$! Beträgt die Höhe bzw. die Länge einer Saite vom Steg unten bis nach oben z. B. $l_0 = 65$ cm, so verringert sich diese durch jeden weiteren Bundstab um den Faktor a. Es klingt dann jeweils um den Faktor $\sqrt[12]{2}$ und somit einen Halbton höher, wie bereits auf Seite 100 näher erläutert wurde:

Die Länge l_1 einer Saite beträgt beim 1. Bundstab nur noch $a \cdot 65$ cm, beim 2. Bundstab $l_2 = a^2 \cdot 65$ cm, beim 3. Bundstab noch $l_3 = a^3 \cdot 65$ cm, $\ldots$, beim 12. Bundstab schließlich genau die Hälfte von $l_0 = 65$ cm, $\ldots$

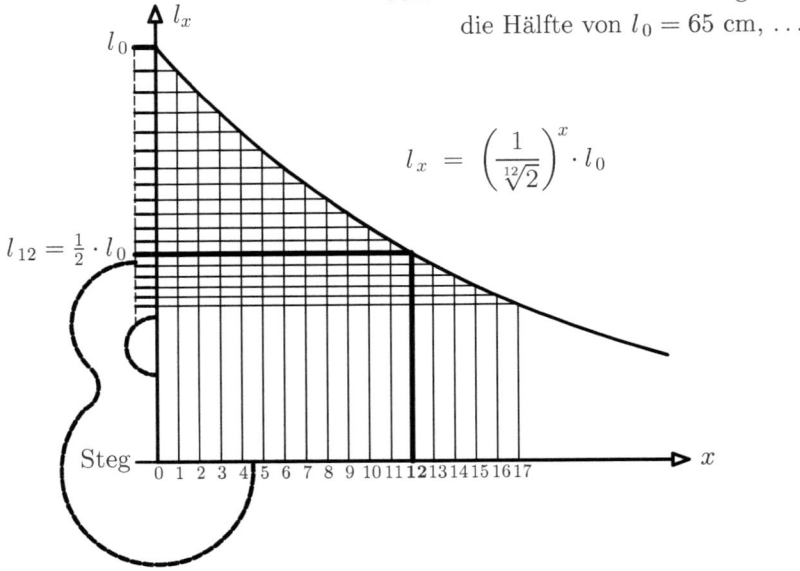

$$l_x = \left(\frac{1}{\sqrt[12]{2}}\right)^x \cdot l_0$$

Tonangebend war zuletzt im Jahr 1939 eine Stimmtonkonferenz in London. Sie beschloss eine Frequenz von 440 Hz für den Kammerton A (was 110 Hz für die tiefe A–Gitarrensaite bedeutet). Deutsche und österreichische Orchester wählen für den Kammerton 443 Hz. Das unterstützt die Brillanz der Streichinstrumente.

Viele Sänger würden eine tiefere Lage bevorzugen.

Prima Klima?

Eiskalt erwischt In den fünfziger und sechziger Jahren des 20. Jahrhunderts empfand nicht nur ich als damals Jugendlicher die Winterszeit als sehr kalt. Spätestens im Monat Februar hieß es in allen Zeitungen und Illustrierten: Die Vorboten der nächsten Eiszeit? Neue Eiszeit schon lange überfällig! Falls Sie mir nicht glauben wollen, schauen Sie in die Archive.

1960 zeigten die wissenschaftlichen Temperaturprognosen steil nach unten. Als gerade mal 15-Jähriger war ich total geschockt und fühlte mich verloren. Wie sollte man denn draußen heizen, gehörte ich zur allerletzten Generation?

Aber Politik und Wissenschaft blieben keineswegs untätig! Man überlegte, mit einem Damm zur Absperrung der Bering-Straße zwischen Alaska und Russland regulierend in das Weltklima einzugreifen. Der Präsident der USA, John F. Kennedy, stand diesem Bering-Damm-Projekt positiv gegenüber. Unter Richard M. Nixon wurde es weiter ausgearbeitet und schließlich 1974 Thema eines Gipfeltreffens zwischen Gerald Ford und Leonid Breschnew in Wladiwostok.

Manche Vorschläge wurden gar nicht öffentlich diskutiert, zum Beispiel die Verlängerung warmer Meeresströmungen Richtung Arktis durch Sprengung unterseeischer Berge südwestlich der Färöer-Inseln mittels Atombomben, die Aufheizung Grönlands mit Hilfe von Atomreaktoren oder das Schmelzen von Polareis mit Wasserstoffbomben.

Weiterhin dachte man an das Abdecken der Polkappen mit schwarzer Folie, und mit den besten Absichten, *auch an die vermehrte Erzeugung von* CO_2. Es geht ja um das passende Gleichgewicht zwischen Energieeinstrahlung und Energieabstrahlung, damals wie heute!

Auch keine Lösung Bekanntlich wurde nur einer der oben genannten Vorschläge umgesetzt, vermutlich ohne dabei noch an meine Eiszeit zu denken: Die heutige weltweite Produktion von CO_2 scheint nun aber ihrerseits zu einem klimatischen Problem mit geändertem Vorzeichen zu führen!

Ich sage das so vorsichtig, weil wir die natürlichen Temperaturschwankungen ohne CO_2 gar nicht kennen. Wer behauptet, das Klima vorausberechnen zu können, soll es bitte auch rückwirkend tun und mit der Vergangenheit kontrollieren! Große Erfolge in dieser Richtung scheinen noch nicht bekannt.

Das wichtigste Klimagas ist übrigens H_2O in Form der Luftfeuchtigkeit, ansonsten wäre die Erde unbewohnbar kalt! Allerdings ist der Gehalt von H_2O in der Atmosphäre sehr wechselhaft und nur schwer zu beeinflussen.

Das Klimagas Methan CH_4 in der Atmosphäre wird unter dem Einfluss der Sonnenstrahlung zu CO_2 und H_2O oxidiert. Termiten sollen allein für 30 % der weltweiten Methanproduktion verantwortlich sein.

Schlechte Aussichten Eigentlich geht der CO_2–Ausstoß in vielen Staaten zurück, so 2005 in Deutschland von 787 Millionen auf 730 Millionen Tonnen im Jahre 2015. *Weltweit stieg* der Ausstoß allein in dieser Zeit um 5200 Millionen auf 32300 Millionen Tonnen, mit weiterhin steigender Tendenz. Eine deutsche Klimaneutralität wäre lobenswert, aber wie ein Tropfen auf den heißen Stein.

Falls es irgendwann gelänge, den weltweiten CO_2–Ausstoß auf Null zu setzen: Wo lassen wir das bis dahin angehäufte CO_2? Der Kohlenstoff lässt sich nicht vernichten, aber in *Kreisläufe* einbinden. Dann ist er zumindest klimaneutral!

Ziel muss es aber sein, den Kohlenstoff wenigstens teilweise zu *entfernen!* Das geschah in unserer Erdgeschichte, indem ganze Wälder in tiefe Bodenschichten versenkt wurden. Heute pumpen wir nur überschüssiges CO_2 in unterirdische Lager. In den Weltmeeren lösen sich allerdings beträchtliche Mengen an CO_2. Kleinlebewesen bilden daraus ihre Kalkschalen ($CaCO_3$) und sinken damit später auf den Meeresboden. Die Kreidezeit lässt grüßen.

Die Geister, die ich rief, ich werd' sie nicht mehr los! Um selber Kohlenstoff etwa aus Methan oder der Luft zu entfernen, benötigen wir viel Energie! Auch zum Heizen und für die Industrie. Woher nehmen und nicht stehlen?

Wind- und Solarenergie sind eine Lösung, erfordern aber entsprechende Speicherwerke, damit bei Mangel an Wind und Sonne die Versorgung nicht zusammenbricht. Und sie sind für Wüstenlandschaften besser geeignet als für dichtbesiedelte Gebiete. Auch in China spielen sie keine große Rolle, vermutlich weil sie wesentlich teurer sind als die vielen geplanten Kohlekraftwerke.

In China, Schweden und vielen anderen Ländern arbeitet man auch an neuen Typen von Kernreaktoren. Bei diesen ist eine Kernschmelze technisch nicht mehr möglich und ein atomares Endlager praktisch unnötig!

In Deutschland sind solche Lösungen kaum denkbar, oder wie der Physiker und Kabarettist Vince Ebert formulierte: „Deutschland scheint von seinen Problemen derart fasziniert, dass man es viel zu schade findet, sie zu lösen."

Die Lösung aller Probleme Mit Hilfe der *Kernspaltung* schwerer Atomkerne wird bekanntlich in Atomreaktoren Energie gewonnen. Umgekehrt lässt sich auch durch *Kernverschmelzung* leichter Kerne Energie freisetzen. Letzteres geschieht seit Jahrmillionen in der Sonne und den vielen Sternen im Universum. Es ist die Quelle allen Lebens auf unserem Planeten!

Solche sogenannten Fusionsreaktoren wären eine praktisch unerschöpfliche Energiequelle, doch die technischen Schwierigkeiten ihrer Realisierung sind enorm. Sie werden daher vermutlich noch lange ein Traum bleiben. Doch ihre Realisierung würde wahrscheinlich alles Bisherige auf den Kopf stellen.

Die Wärmepumpe Der Golfstrom galt lange Zeit als die Zentralheizung Europas. Seine Fließgeschwindigkeit hat sich am Ende des 20. Jahrhunderts messbar verringert, doch soll sein Einfluss auf unser Klima nicht so groß sein wie bisher angenommen. Wie heißt es dazu: Prognosen sind leider schwierig,

besonders wenn sie die Zukunft betreffen!

Zum guten Schluss die gute Nachricht: Vielleicht sollten wir den CO_2–Gehalt der Atmosphäre gar nicht auf den vorindustriellen Wert zurücksetzen. Für das Wachstum unserer Nutz- und Grünpflanzen ist dieser Wert nämlich ein stark begrenzender Faktor! Bei wertvollen Kulturen in Gewächshäusern fördert man deshalb das Wachstum durch eine CO_2–Begasung.

Das ist zunächst nur ein wirtschaftlicher Gesichtspunkt, der aber auch bei Nutzpflanzen eine wichtige Rolle spielt und leider viel zu selten beachtet wird. Schauen wir uns ein paar Zahlen dazu an:

Für das Jahr 1870 bestimmte man den CO_2-Gehalt der Atmosphäre zu 280 ppm (= 0,028 % = 0,28 ‰). Im Jahr 2020 wurden 414 ppm gemessen.

Die Photosyntheseleistung (CO_2–Aufnahme) von Nutzpflanzen wie Weizen, Roggen, Hafer und Reis betragen hierfür 24 μmol/m^2·s bzw. 38 μmol/m^2·s.

Wir rechnen leicht aus:

Bei einem Anstieg des CO_2-Gehalts um 48 % stieg die Photosynthese um 58 %.

Tatsächlich ließe sich mit den alten CO_2–Werten ohne eine Vergrößerung der Anbaufläche die heutige Weltbevölkerung gar nicht mehr ernähren!

Der Sitz des Teufels

Der Goldkäfer Geheimschriften finden schon Kinder sehr spannend, sei es, weil man die Zeichen durch ein heißes Bügeleisen zum Vorschein bringt oder ihr geheimnisvolles Kauderwelsch nicht verstehen kann. Interessierten Erwachsenen empfehle ich besonders eine Erzählung von Edgar Allan Poe mit dem Titel 'Der Goldkäfer'. In dieser abenteuerlichen Geschichte spielt eine zufällig gefundene, aber leider verschlüsselte Nachricht die Hauptrolle:

$$53 \neq \neq \dagger 305))6*;4826))4 \neq .)4 \neq);806*;48 \dagger 8 /\!\!/ 60)$$
$$)85;1 \neq (;:\neq *8 \dagger 83(88)5 * \dagger;46(;88 * 96*?;8)* \neq ($$
$$;485);5 * \dagger 2 : * \neq (;4956 * 2(5 * -4)8 /\!\!/ 8*;4069285)$$
$$6 \dagger 8)4 \neq \neq;1(\neq 9;48081;8 : 8 \neq 1;48 \dagger 85;4)485 \dagger 52$$
$$8806 * 81(\neq 9;48;(88;4(\neq?34;48)4 \neq;161;:188;\neq?;$$

Es handelt sich um entscheidende Hinweise zum Auffinden der sagenhaften Piratenbeute des legendären Captain Kidd. Auf den ersten Blick scheint aber eine Entschlüsselung kaum möglich. Geschickterweise ließ der Captain alle Satzzeichen sowie die üblichen Zwischenräume zur Trennung einzelner Wörter weg, was sonst die Aufgabe sehr erleichtert hätte! Wollen Sie es trotzdem versuchen?

Zunächst einmal liegen Sie richtig in der Annahme, dass der vorliegende Text in englischer Sprache verfasst wurde und der Buchstabe 'e' am häufigsten vorkommt. Das reichte allein schon aus, um ohne Computerunterstützung oder andere Hilfsmittel diesen Text vollständig zu entschlüsseln! Noch haben Sie selbst die Gelegenheit dazu, ich verrate das Ergebnis erst zum Schluss.

Caesar Die obige Geschichte zeigt, dass man die (konstante) Verschlüsselung *einzelner* Zeichen vermeiden sollte! Der erforderliche Aufwand hängt auch entscheidend von der Intelligenz ab, die man hier seinem Gegner zutraut. Beim römischen Imperator Julius Cäsar war das jedenfalls *beleidigend* wenig! *Zum Beispiel* verschob er einfach jeden Buchstaben konstant um 3 Stellen. Vergleichen Sie unten Zeile 2 (original) mit Zeile 3 (verschlüsselt):

Aus a wurde d, aus b wurde e, aus c wurde f, aus d wurde g, usw.

0	1	2	3	4	5	6	7	8	9	10	11	12	13	14	15	16	17	18	19	20	21	22	23	24	25
a	b	c	d	e	f	g	h	i	j	k	l	m	n	o	p	q	r	s	t	u	v	w	x	y	z
d	e	f	g	h	i	j	k	l	m	n	o	p	q	r	s	t	u	v	w	x	y	z	a	b	c
3	4	5	6	7	8	9	10	11	12	13	14	15	16	17	18	19	20	21	22	23	24	25	0	1	2

Die Beschreibung von Verschlüsselungen wird enorm vereinfacht, wenn man die Zeichen des Alphabets nummeriert. Die 0 wird dann hier verschlüsselt zu 3, die 22 wird zu 25, usw., allgemein: Original + 3 = Verschlüsselt. Umgekehrt: Verschlüsselt − 3 = Original.

Zu beachten ist nur, dass wir sozusagen im Kreis rechnen wie bei einer Uhr: Das Ergebnis 26 ist dasselbe wie 0. 27 bedeutet wieder 1, 28 ist die 2. usw. Rechnerisch ausgedrückt, die Differenz ist durch 26 teilbar (vgl. SMS S. 5).

SMS $\qquad 26 \equiv 0 \bmod 26, \quad 27 \equiv 1 \bmod 26, \quad 28 \equiv 2 \bmod 26, \quad$ usw.

Beim Entschlüsseln treten auch negative Werte auf:

$$-1 \equiv 25 \bmod 26, \quad -2 \equiv 24 \bmod 26, \quad -3 \equiv 23 \bmod 26, \quad \text{usw.}$$

Man nennt das 'Rechnen modulo 26'. Solcherart Rechnen verwendet man auch bei besseren Verfahren als diesem, weshalb ich es an dieser Stelle bereits erwähne. Ansonsten war Caesar, weit mehr als Captain Kidd, ein Anfänger. Die einfache Entschlüsselung nur eines einzigen Buchstabens wie 'e' hätte sofort auch die Entschlüsselung des gesamten übrigen Alphabets zur Folge!

Vigenère Mathematisch gesprochen addierte Cäsar zu jedem Zeichen ein- und dieselbe Zahl, z. B. die Zahl 3. Im 16. Jahrhundert entstand die Idee, diese Schlüsselzahl nach jedem Zeichen zu wechseln, zumindest für eine gewisse Anzahl von Zeichen hintereinander.

In der Praxis wählte man ein Schlüsselwort wie z.B. 'amen', was bedeutete: Zum ersten Zeichen wurde a = 0 addiert, zum zweiten m = 12, zum dritten e = 4, zum vierten n = 13. Zum fünften *wieder* a = 0, zum sechsten m = 12, zum siebten e = 4, zum achten n = 13 *usw.* Falls Sie selbst einmal verschlüsseln müssten: Für den Hausgebrauch ist das wirklich raffiniert genug!

Für Jahrhunderte galt diese Methode, die auf Blaise de Vigenère zurückgeht, zumindest bei einem genügend langen Schlüssel als so gut wie sicher! Doch seit dem 19. Jahrhundert gibt es statistische Verfahren, um zunächst die Länge des Schlüssels und anschließend sogar den Schlüssel zu bestimmen!

Alles öffentlich Das vorige Vigenère-Verfahren ist auch nicht 'abhörsicher': Falls Sie verschlüsselte Nachrichten von mehreren Personen erhalten wollen, sollten Sie sicherheitshalber *jeder Person einen anderen Schlüssel* geben. Andernfalls könnten alle Nachrichten einer Person gegebenenfalls von den anderen Personen heimlich mitgelesen werden!

Denn wer die Verschlüsselung kennt, kann auch entschlüsseln?

So dachte man ganz allgemein! Aber Sie kennen doch die Mathematiker?

Ohne Beweis zweifeln sie an den sebstverständlichsten Dingen! Tatsächlich: Anstelle eines Beweises entdeckte man nun 'asymmetrische' Kryptosysteme:

Sie vergeben zum Verschlüsseln einen öffentlichen(!) Schlüssel v und Modul m.

Auch wenn jetzt jeder weiß, wie Nachrichten an Sie verschlüsselt werden, ist niemand allein schon dadurch in der Lage, diese auch zu entschlüsseln!

Sie aber besitzen einen passenden privaten(!) Schlüssel e zum Entschlüsseln.

Das ist also eine völlig neue Qualität! Die zu verschlüsselnden Daten oder Texte werden übrigens in Blöcken von zum Beispiel 64 Zeichen aufgeteilt. Sei hierbei x die Nummer eines Blocks, so wählt man als Verschlüsselung y:

$$\boxed{\text{SMS} \quad [x^v]_m \;=\; y}$$

wobei die eckige Klammer den Rest von x^v nach Teilen durch m bezeichnet. Falls Sie meinen, aus y einfach x ausrechnen zu können, liegen Sie falsch! Die Entschlüsselung gelingt aber mit Ihrem privaten geheimen Schlüssel e:

$$\boxed{\text{SMS} \quad [y^e]_m \;=\; x}$$

Das ist wieder Rechnen 'modulo m' (S. 5) Zu diesem gemeinsamen Modul wäre natürlich noch einiges zu sagen. Und dass der Kern des Verfahrens auf einem Satz von Pierre de Fermat (1607 - 1665) aus der Zahlentheorie beruht!

Den Modul m bildet man als Produkt zweier (geheimer) Primzahlen p und q, mit deren Kenntnis man auch v und e bestimmt. Vermag ein Spion die Zahl m wieder in Primfaktoren zu zerlegen, hätte er das Geheimnis geknackt. Doch für hinreichend große Zahlen gilt das immer noch als viel zu langwierig!

Schmutzige Hände 'Er hatte ein reines Gewissen, er gebrauchte es nie!' Doch nicht alle denken so! Bei vielen Mathematikern galt die Zahlentheorie als Form des reinen Denkens, unbelastet vom Streben nach praktischen oder gar militärischen Anwendungen. Inzwischen hat die Kryptographie eine derartige Bedeutung erlangt, dass nun ernsthaft versucht wird, einige ihrer Ergebnisse als militärische Geheimnisse zu behandeln!

Tatsächlich wurden die obigen 'Public-Key-Verfahren' unter Geheimhaltung bereits vom britischen Militär entwickelt, bevor es dann später auch der öffentlichen Forschung gelang! Gleichzeitig stand nun fest: Sogar die Zahlentheorie hatte hiermit ihre Unschuld verloren.

Der große Bruder Auch Regierungen und ihren Geheimdiensten ist eine absolut sichere Verschlüsselung ein Dorn im Auge – schützt sie doch kriminelle oder terroristische Angreifer genauso wie Ihre private Kommunikation mit Ihrer Bank. Die Sicherheit der Public-Key-Verfahren beruht auf der Schwierigkeit der Primfaktorzerlegung. Man nimmt an, dass dies besonders aufwändig ist. Anscheinend gehört es zu den richtig schwierigen Aufgaben, bewiesen ist das aber nicht! Vielleicht kennt man in den geheimen Laboren schon schnellere Verfahren, als in der Öffentlichkeit bekannt.

Am Horizont erscheint bereits ein neuer Lichtblick, der Quantencomputer! Man weiß bereits: Für diese neue Computergeneration ist die Primfaktorzerlegung eine leichte Aufgabe! Und nur Regierungen oder Großkonzerne wie Google können sich solche Computer leisten, denn deren Bau und Betrieb ist zur Zeit noch außergewöhnlich aufwändig und kompliziert. Es sei denn, man entdeckt eine neue Technologie wie seinerzeit mit der Halbleitertechnik. Erst diese hat den Siegeszug der heutigen Computer ermöglicht! Die Folgen einer Quantentechnologie lassen sich noch gar nicht abschätzen.

Indianer Im Alltag achtet man gar nicht darauf, erst vielleicht im Urlaub in einem fremden Land: Auch Sprache ist eine Art von Verschlüsselung! Während des Pazifikkrieges der USA gegen Japan dienten Angehörige der nordamerikanischen Navajo–Indianer ab 1942 als Codesprecher. Sie übersetzten Funksprüche in ihre äußerst komplizierte Sprache. Auf der Empfängerseite übertrugen Navajos die Botschaften wieder ins Englische. Dieser sogenannte Navajo–Code konnte während des gesamten Krieges nicht von den Japanern geknackt werden. Vielleicht arbeiten heutzutage sicherheitshalber Navajo–Indianer weltweit in militärischen Einrichtungen?

Die Botschaft Kehren wir wieder zu friedlicheren Dingen zurück! Falls Sie das Rätsel von Captain Kidd noch nicht gelöst haben, hier die Auflösung. Der entschlüsselte Hinweis zum Auffinden der Schatztruhe als Originaltext:

> A good glass in the bishop's hostel in the devil's seat
> forty-one degrees and thirteen minutes northeast and by north
> main branch seventh limb east side
> shoot from the left eye of the death's-head
> a bee line from the tree trough the shot fifty feet out.

Sie erkennen: 5 bedeutet a, 3 ein g, ≠ ist ein verschlüsseltes o, † ein d, usw. Das ist zumindest etwas anspruchsvoller als bei Julius Caesar!

Die Dechiffrierung eines englischen Textes wird uns im Laufe vieler Jahre in der Schule beigebracht. In diesem etwas ungewöhnlichen Falle lautet die immer noch rätselhafte Botschaft von Captain Kidd:

Ein gutes Glas im Bischofshotel in des *Teufels Sitz*
einundvierzig Grad und dreizehn Minuten nordöstlich und nördlich
Hauptast, siebter Ast Ostseite
schieße von dem linken Auge des Totenkopfes
eine kerzengerade Linie von dem Baum durch den Schuss fünfzig Fuß
hinaus.

Gemeint mit dem 'Glas' ist übrigens ein 'Fernglas'. Außerdem sollte man sich zumindest mit den bestehenden Örtlichkeiten gut auskennen. Und die Frage beim ständigen Kampf zwischen Ver- und Entschlüsseln lautet immer:

Wo sitzt eigentlich der Teufel?

Nur so viel sei schon einmal verraten: Es gelang, die Schatztruhe zu finden! Doch nur selten ist der Ausgang so glücklich:

Angebot Falls Sie unbedingt noch einen Schatz suchen, empfehle ich den 'Schatz der Nibelungen'? Darüber heißt es im legendären Nibelungenlied: Er (Hagen von Tronje) ließ ihn *bei dem Loche* versenken in den Rhein.

Diese 'kryptische' Formulierung beschäftigt auch heute noch Abenteurer, Künstler und Germanisten. Handelt es sich um einen Ort wie Lochheim oder um eine Örtlichkeit? Bei dem Schatz zumindest soll es sich um viele Wagenladungen voller Gold handeln! Viele Schatzsucher vermögen einer solchen Verlockung nicht zu widerstehen. Und wenn sie nicht gestorben sind, so suchen sie noch heute. Ehrlich gesagt:

Sitzt ihnen nicht auch der Teufel im Nacken?

Alles im Gleichgewicht

Um Ausgleich bemüht Auf dem Markt in Marrakesch herrschte wie gewohnt ein munteres Treiben, wie es vermutlich nur im Orient üblich ist. Wir waren dort im Urlaub und bestaunten das riesige Angebot, angefangen von Verkaufsständen mit duftenden Gewürzen, bunten Tüchern bis hin zu Vorführungen von Schlangenbeschwörern, Artisten und Feuerschluckern.

Überall wurde eifrig gefeilscht, und sogar mir wurden für meine ältere Tochter etliche Kamele angeboten! Mit meinem recht holprigen Französisch erwiderte ich, bereits ein Auto zu besitzen. Doch man ließ nicht locker und erhöhte nun die Zahl der Kamele. Allein aus reiner Höflichkeit machte ich ein Gegenangebot und verlangte *das Gewicht meiner Tochter in Gold*. Das wurde wie erwartet abgelehnt und man verabschiedete sich freundlich.

Abenteuerlich wirkten auch manche kunstvollen Waagen einiger Händler. Das erinnerte mich an eine Geschichte, die tatsächlich dort auf dem Markt geschehen sein sollte:

Ein alter Händler war berühmt für seine Süßkartoffeln und verkaufte diese in großen Mengen. Dazu benutzte er eine sehr alte Balkenwaage, deren Arme leider nicht gleich lang waren! Vermutlich war ein Arm mehrmals gebrochen aber nur notdürftig repariert worden. Die Zahlenangaben sind nur geschätzt und sollen keine Rolle spielen, denn der Händler hatte sich einen einfachen Ausgleich überlegt, und darin war er sehr geübt:

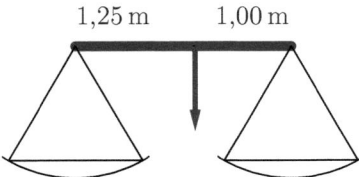

1,25 m   1,00 m

Verlangte z. B. ein Kunde 10 Kilo seiner Kartoffeln, so tarierte er mit der rechten Seite zunächst 5 Kilo aus, indem er ein 5–Kilo–Gewicht auf die rechte Waagschale legte, die Ware auf die linke – und dann noch einmal, aber umgekehrt! In Wirklichkeit wird er anstelle von Kilogramm eine ganz andere, orientalische Gewichtseinheit benutzt haben. Aber deren Wahl spielt nun wirklich keine Rolle. Für Edelsteine wählte man im Orient z. B. die Samen des Johannisbrotbaums (Carob), botanisch *Ceratonia siliqua*. Daraus entstand das heutige Karat (200 mg). Aber was sagen Sie zum Kartoffelhandel?

Last mal Lastarm Wie war das noch mal mit der Waage:

Last mal Lastarm (–länge) = Kraft mal Kraftarm (–länge)

Zuerst legte er das 5–Kilo–Gewicht auf die rechte Seite, die Kartoffeln links:

$$x_{links} \cdot 1{,}25 \text{ m} = 5 \text{ Kilo} \cdot 1{,}00 \text{ m}$$

ergibt: $x_{links} = 4{,}00$ Kilo. Und nun umgekehrt:

$$5 \text{ Kilo} \cdot 1{,}25 \text{ m} = x_{rechts} \cdot 1{,}00 \text{ m}$$

ergibt: $x_{rechts} = 6{,}25$ Kilo. Zusammen erhält der Kunde also **10,25 Kilo**!

Erstaunlicherweise gleicht diese Vorgehensweise nicht die unterschiedlichen Längen beider Seiten aus. Aber die resultierende Kundenfreundlichkeit wird die Beliebtheit des Händlers nur noch erhöht haben!

Trickreich War die Waage für eine exakte Wägung nicht mehr brauchbar? Aber ja doch, wenn wir zur Korrektur ein paar Steine oder ein Säckchen Sand zur Hilfe nehmen. Das Schöne daran, wir müssen dabei gar nicht rechnen! Wir müssen uns nur darauf einigen, auf welche Seite wir die Gewichte legen. Sagen wir: *Ware links, Gewichte rechts.*

Allerdings stellen wir zunächst das exakte 5–Kilo–Gewicht auf die linke Seite. Dann legen wir in die rechte Waagschale so viel an Gewicht, Stein oder Sand, bis die Waage im Gleichgewicht ist! Und jetzt funktioniert es:

Ersetzen wir links das exakte 5–Kilo–Gewicht von nun an durch die Ware, so ist die Waage bei exakt 5 Kilo an Ware auch wieder im Gleichgewicht!

Diese Methode funktioniert natürlich auch für andere Gewichte. Allgemein benötigt der Händler nur exakt korrigierte Gewichtsstücke.

Dass aber letztendlich bitte kein falscher Eindruck entstehen möge, auch wenn sie mir ab und zu auf die Nerven ging! Ob korrekt gewogen oder nicht:

Meine Tochter hätte ich um kein Gold der Welt verkauft!

Das Brettspiel Solitär – auch auf Französisch

Die Betonung liegt auf 'Brettspiel', um eine Verwechslung mit der gleichnamigen vielgespielten 'Karten-Patience' Solitär bzw. Solitaire zu vermeiden. Die häufigsten Ausführungen sind ein Spielbrett mit 33 oder mit 37 Feldern:

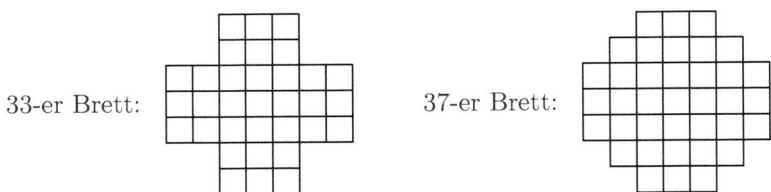

33-er Brett: 37-er Brett:

Benutzt man Kugeln als Spielsteine, sind die einzelnen Felder muldenförmig, verwendet man Stifte, hat jedes Feld ein passendes Loch. Die Stiftausführung dürften vor allem die Seeleute auf den schwankenden Schiffen während langer Fahrten benutzt haben. Darauf deutet wohl auch die englische Bezeichnung 'Sailor's Solitaire'.

Dass es von französischen Gefangenen in der Pariser Bastille gespielt wurde, gilt inzwischen als unausrottbare Mär. Mit Sicherheit spielte man es aber am Hofe von König Ludwig XIV (1638-1715), dem 'Sonnenkönig'. Auch der Universalgelehrte Gottfried Wilhelm Leibniz (1646-1716) beschäftigte sich bereits mit diesem Spiel.

Hierfür sind zunächst alle Felder mit einem Spielstein besetzt bis auf eines, in der Regel das Feld genau in der Mitte. Das ermöglicht nun einen 'Sprung' nach dem anderen, und zwar in folgender Art und Weise:

Kann man mit einem Spielstein über einen direkt benachbarten Spielstein in ein daneben liegendes freies Feld springen, so wird der übersprungene Stein 'abgeräumt', also aus dem Spiel genommen. Hier ein *waagerechter* Sprung (im Vergleich zu oben sind die 3 beteiligten Felder etwas vergrößert skizziert):

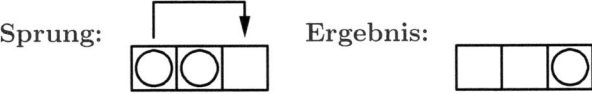

Sprung: Ergebnis:

Man darf nur waagerecht oder senkrecht springen! Ziel ist es, alle Steine abzuräumen! Nur der zuletzt benutzte Spielstein bleibt natürlich übrig, bevorzugt genau in der Mitte des Spielbretts.

Das 33-er Brett Ich werde vor allem von solchen Ergebnissen berichten, die Sie nicht oder nur schwer im Internet finden. Mathematisch interessant ist das Folgende aber noch nicht. Einfache, aber wirklich reizvolle Überlegungen lohnen sich erst beim 37-er Brett.

Natürlich möchte jeder erst einmal Lösungen der Standardaufgabe erhalten. Zu Beginn sei also das Feld in der Mitte das einzige *freie* Feld – und am Ende befinde sich dort der letzte noch übrig gebliebene Spielstein! Probiert man erst einmal selber, so merkt man schnell, dass dies gar nicht so einfach ist. Mit Computerhilfe kennt man inzwischen allerdings unzählig viele Lösungen.

Zwei dieser Lösungen beim 33-er Brett finde ich besonders bemerkenswert! Aber zunächst einmal müssen wir uns doch auf dem Spielbrett zurechtfinden.

Zur Navigation Als 1958 der FC Schalke 04 Deutscher Meister wurde ... schon höre ich hämische Bemerkungen, aber es kommt noch schlimmer ... da suchte ich als Schüler in meinem Diercke–Weltatlas den Ort 'Schalke' ...

Im Atlas genügt für jeden Ort die Längen- und Breitenangabe. Auf dem Spielbrett ist das die Angabe der Zeile und Spalte des betreffenden Feldes! So bedeute 74, gesprochen „sieben vier"(!), das Feld in der 7ten Zeile und 4ten Spalte. Aber 47 hingegen ist das Feld in der 4ten Zeile und 7ten Spalte.

Alles klar? So indiziert man auch Matrixelemente, doch als Anfänger kam ich ab und zu recht heftig durcheinander. Bis mir eine Eselsbrücke dazu einfiel:

Erst die Zeile, dann die Spalte,
ob ich das wohl je behalte?

Spaltenindex:

	1	2	3	4	5	6	7
1			13	14	15		
2			23	24	25		
3	31	32	33	34	35	36	37
4	41	42	43	44	45	46	47
5	51	52	53	54	55	56	57
6			63	64	65		
7			73	74	75		

Zeilenindex (rows 1–7 on the left).

Nun bedeutet im Folgenden zum Beispiel die Kurzschreibweise 42 ↦ 44: Sprung von Feld 42 auf das (freie) Feld 44; der Stein auf 43 wird abgeräumt!

Ordentlich abräumen Mathematiker lieben die Systematik und Ordnung. Das muss bei mir irgendwie anders gewesen sein. Die Frage meiner Mutter, „hast du auch dein Zimmer aufgeräumt?", klingelt mir noch in den Ohren!

Auch mein Einwand mit dem Genie, das bekanntlich das Chaos beherrscht, half mir nicht. Raffiniert auf meine mathematischen Neigungen anspielend, antwortete sie lachend: „Ein Mathematiker beherrscht sogar die Ordnung!" Das saß, woher hatte sie das nur?

Rechts finden Sie meine Lieblingslösung für das 33-er Spielbrett angegeben. Keine mir bekannte Lösung räumt so schön systematisch das Brett wie diese!

Probieren Sie es aus: Nach kurzer Zeit haben Sie diese Lösung im Kopf! Vergleichen Sie mit irgendeiner anderen Lösung, zum Beispiel der folgenden.

Deren Besonderheit liegt jedoch in der geringsten Anzahl von 'Spielzügen': Gelegentlich ist es möglich, mit ein- und demselben Stein gleich mehrere Sprünge hintereinander auszuführen. Hier spricht man von einem 'Spielzug'!

Die Anzahl der übersprungenen und somit beseitigten Steine bezeichnet man als seine Länge. Ein normaler Sprung über einen einzigen Stein gilt auch als Spielzug, aber mit der kleinsten Länge eins. Da 31 Spielsteine abgeräumt werden, besteht trotzdem jede Lösung aus insgesamt 31 einzelnen Sprüngen. (Alle Spielzüge meiner Lieblingslösung wurden als Einzelsprünge notiert.)

Spielzüge der längeren Art sind charakteristisch für das Brettspiel 'Halma', weshalb das Solitärspiel gelegentlich auch als 'Steckhalma' bezeichnet wurde.

Hier nun die Lösung mit der kleinstmöglichen Anzahl von 18 Spielzügen:

$$42 \mapsto 44, \qquad 63 \mapsto 43, \qquad 51 \mapsto 53,$$
$$54 \mapsto 52, \qquad 56 \mapsto 54, \qquad 75 \mapsto 55,$$
$$45 \mapsto 65, \qquad 73 \mapsto 75 \mapsto 55,$$
$$33 \mapsto 35, \qquad 13 \mapsto 33,$$
$$25 \mapsto 45 \mapsto 65 \mapsto 63 \mapsto 43 \mapsto 23,$$
$$31 \mapsto 51 \mapsto 53 \mapsto 55,$$
$$37 \mapsto 35, \qquad 34 \mapsto 36, \qquad 57 \mapsto 37 \mapsto 35,$$
$$15 \mapsto 13 \mapsto 33,$$
$$32 \mapsto 34 \mapsto 36 \mapsto 56 \mapsto 54 \mapsto 34,$$
$$24 \mapsto 44.$$

Die beiden angegebenen Lösungen kannte man schon lange vor der Erfindung der elektronischen Rechner!

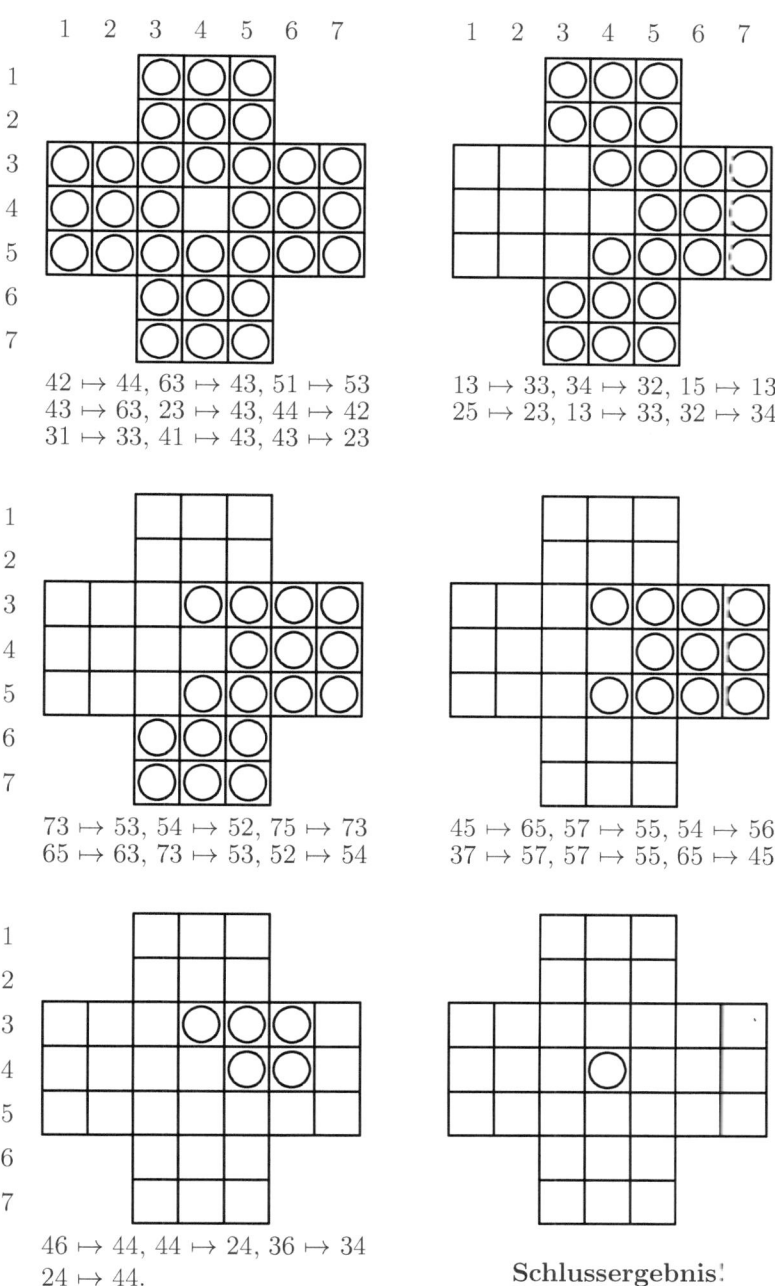

$42 \mapsto 44,\ 63 \mapsto 43,\ 51 \mapsto 53$
$43 \mapsto 63,\ 23 \mapsto 43,\ 44 \mapsto 42$
$31 \mapsto 33,\ 41 \mapsto 43,\ 43 \mapsto 23$

$13 \mapsto 33,\ 34 \mapsto 32,\ 15 \mapsto 13$
$25 \mapsto 23,\ 13 \mapsto 33,\ 32 \mapsto 34$

$73 \mapsto 53,\ 54 \mapsto 52,\ 75 \mapsto 73$
$65 \mapsto 63,\ 73 \mapsto 53,\ 52 \mapsto 54$

$45 \mapsto 65,\ 57 \mapsto 55,\ 54 \mapsto 56$
$37 \mapsto 57,\ 57 \mapsto 55,\ 65 \mapsto 45$

$46 \mapsto 44,\ 44 \mapsto 24,\ 36 \mapsto 34$
$24 \mapsto 44.$

Schlussergebnis!

Das 37-Brett Man bezeichnet diese Variante mit 4 zusätzlichen Feldern auch als *'französisches Brett'*. Ob es in Frankreich verbreiteter ist als das 33-er Brett, ist mir nicht bekannt, aber die Bezeichnung finde ich *passend*! (Die Markierung der Felder mit 'r, g, b' wird auf der nächsten Seite erläutert.)

Aufgabe:

```
        b  r  g                         b  r  g
     r  g  b  r  g                   r  g  b  r  g
  g  b  r  g  b  r  g             g  b  r  g  b  r  g
  r  g  b     g  b  r     ↝       r  g  b (r) g  b  r
  b  r  g  b  r  g  b             b  r  g  b  r  g  b
     b  r  g  b  r                   b  r  g  b  r
        b  r  g                         b  r  g
```

Irgendwie lieben unsere Nachbarn die Herausforderung: Versuchen Sie doch zum Beispiel, mit einem Partner in einem *'französischen Bett'* zu schlafen! Hiermit meine ich das ruhige, erholsame Schlafen bis zum frühen Morgen.

Vermutlich hatte der Erfinder bei dieser kleinen, durchgehenden Matratze noch etwas anderes im Hinterkopf! Überhaupt steht für die Franzosen das Leben und nicht die Arbeit an erster Stelle. So las ich einmal in einem medizinischen Vergleichsbericht, dass die Herz– und Kreislaufmedikamente in Deutschland an der Spitze der Medikamentenliste stehen. In Frankreich sind es die Leberpräparate!

Was darf man hieraus schließen? Wir konsumieren wohl kaum weniger Alkohol als die Bewohner Frankreichs. Aber diese plagen sich weit weniger mit Herz- und Kreislaufproblemen! Dahinter steckt wohl auch eine gesündere Lebenseinstellung – und ein unverstellter Blick für das reale Leben.

Eine deutsche Komödie endet in den meisten Fällen mit einer mehr oder weniger überraschenden Heirat. Das ist ein 'ordentliches, anständiges und perfektes' Ende. Das lieben wir! Die zuvor stattfindenden Verwicklungen erinnern übrigens bei einer deutschen Komödie zumeist an eine Tragödie!

Vergleichen Sie bei Gelegenheit: Eine französische Komödie beginnt oft mit oder *nach* einer Heirat. Und damit beginnen dann auch die vielen kleinen Verstrickungen, selten tragisch, meistens amüsant oder richtig komisch, die aber das reale Leben erst ausmachen!

Sie merken wohl schon lange: Ich drücke mich vor der Angabe einer *Lösung*!

Es gibt da ein Problem Haben Sie es schon einmal versucht? Sie werden leider keine Lösung der vorhin skizzierten Aufgabe finden. Das gelingt noch nicht einmal den besten Computerprogrammen! Wie ich es bereits sagte: Die Franzosen lieben die Herausforderung.

Zu Beginn meines Studiums war ich gelegentlich amüsiert, wenn ein Problem formuliert wurde und man anschließend erst einmal mit viel Mühe bewies, dass eine Lösung dafür existiert. Bevor man das allerdings nicht weiß, kann man unter Umständen viel Zeit für die Suche nach nichts verschwenden!

Die bestehende Situation legt nämlich den Verdacht nahe, dass es gar keine Lösung für unser gestelltes Problem gibt! Aber lässt sich das auch beweisen? Beachten Sie zunächst, dass 0, 2, 4, 6, 8, 10, 12, ... gerade Zahlen sind, hingegen 1, 3, 5, 7, 9, 11, 13, ... zu den ungeraden Zahlen gehören.

Denken wir uns nun die Felder so, wie in der vorigen Skizze farbig markiert. Wir wählen uns drei verschiedene Farben wie b für blau, r für rot, g für gelb.

B bedeute die Menge der *blauen* Felder, die mit einem Spielstein <u>besetzt</u> sind! $|B|$ sei die Anzahl dieser Felder. Analog gelte R für rot, G für gelb. Die Anzahlen $|B|$, $|R|$, $|G|$ ändern sich bei jedem Sprung auf ganz einfache Weise!

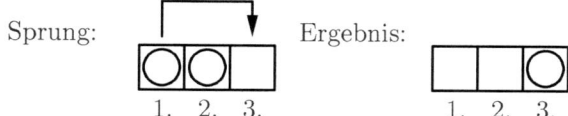

Am Beispiel blau: Bei jedem Sprung sind drei Felder in einer Reihe beteiligt. Immer genau eines davon ist blau. Ist es das dritte, *erhöht* sich $|B|$ um 1. Ist es das erste oder zweite, *verringert* sich $|B|$ um 1. Das bedeutet aber:

Ist $|B|$ zum Beispiel gerade, dann wird $|B|$ beim nächsten Sprung ungerade! Beim folgenden Sprung wird $|B|$ wieder gerade, dann wieder ungerade usw.

Das Spiel beginnt Zählen Sie in der Skizze auf der vorigen Seite nach! Zu Beginn des Spiels ist $|B| = 12$ (gerade), am Ende $|B| = 0$ (gerade). Die Gesamtzahl der Steine beträgt zunächst 36. Das erfordert 35 Sprünge, da genau 1 Stein übrig bleiben soll. Nach einem Sprung ist $|B|$ ungerade, nach 2 Sprüngen gerade, nach 3 Sprüngen ungerade, nach 4 Sprüngen gerade ...

Nach 35 Sprüngen wäre $|B|$ wieder ungerade, also auf keinen Fall gleich Null! Die einfache, aber erstaunliche Folgerung:

Für die auf der vorigen Seite gestellte Aufgabe kann es keine Lösung geben!

Flexibel bleiben Wählen wir als freies Anfangsfeld a doch ein blaues Feld! Konkret zum Beispiel $a = 54$. Dann erhalten wir nämlich anstelle $|B| = 12$:

$$|B| = 11, \text{ und } |R| = 13, \ |G| = 12.$$

Nach ungeraden 35 Sprüngen müssen zwei dieser Anzahlen gleich Null sein. Das geht nur bei $|B|$ und $|R|$. Und $|G|$ bliebe zum Schluss ungerade, müsste also den Wert 1 annehmen! Folgerung: Ist das Anfangsfeld blau, dann wäre, wenn überhaupt, nur ein gelbes Endfeld möglich, wie zum Beispiel $e = 34$:

Tatsächlich existieren nun Lösungen für die hier vorgegebene Konstellation, und die folgende ist sogar recht systematisch:

$56 \mapsto 54, \ 35 \mapsto 55, \ 54 \mapsto 56, \ 57 \mapsto 55, \ 47 \mapsto 45, \ 37 \mapsto 35, \ 74 \mapsto 54,$
$66 \mapsto 64, \ 54 \mapsto 74, \ 62 \mapsto 64, \ 74 \mapsto 54, \ 45 \mapsto 65, \ 75 \mapsto 55, \ 43 \mapsto 63,$
$73 \mapsto 53, \ 34 \mapsto 36, \ 26 \mapsto 46, \ 15 \mapsto 35, \ 14 \mapsto 34, \ 23 \mapsto 43, \ 53 \mapsto 33,$
$51 \mapsto 53, \ 41 \mapsto 43 \mapsto 23, \ 13 \mapsto 33, \ 22 \mapsto 42, \ 34 \mapsto 32, \ 31 \mapsto 33,$
$54 \mapsto 34 \mapsto 32 \mapsto 52 \mapsto 54 \mapsto 56 \mapsto 36 \mapsto 34$ („Hurra").

„Vive la France!" Der französische Präsident Charles de Gaulle konnte damals das Wort 'France' aussprechen, als ob es dreisilbig wäre!

Und nach so viel Nachdenken ist auch mal wieder Entspannung angesagt:

Wie wäre es am Wochenende mit einem fröhlichen Abend und netten Gästen, einem reichhaltigen Angebot an Käsespezialitäten, an Früchten und die ein oder andere gute Flasche Wein dazu? Vielleicht steht in der Nähe ganz 'zufällig' auch noch ein Solitaire–Spiel ... Wie sagt man doch passend dazu? „Ein Leben wie Gott in Frankreich!"

Der 'Chef' wird wohl oft zu Besuch gewesen sein.

138

Für Feinschmecker Zum Abschluss noch zwei kleine 'Desserts à la Carte':

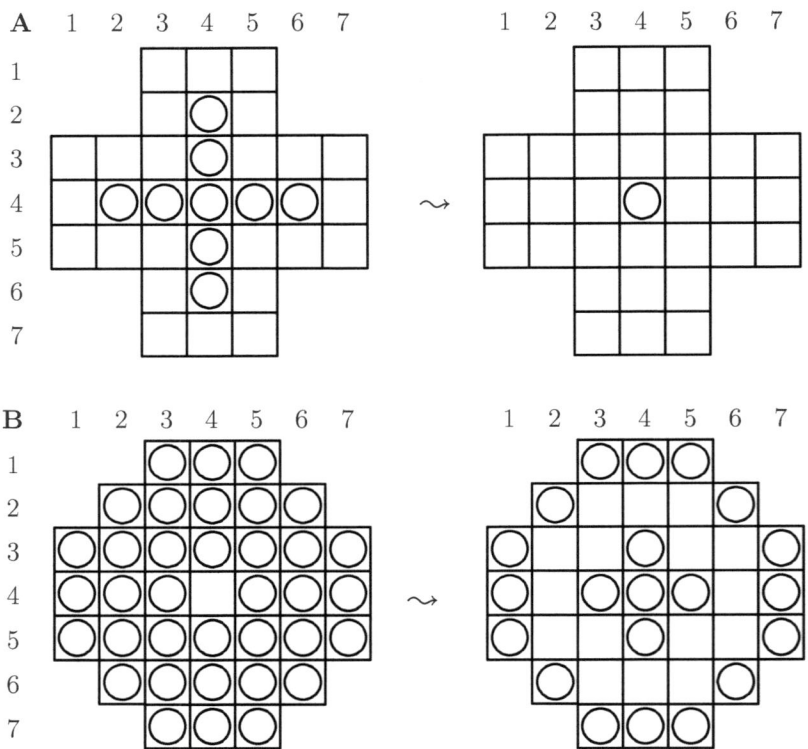

Eine Lösung für

A: $43 \mapsto 41,\ 45 \mapsto 43,\ 64 \mapsto 44 \mapsto 42,\ 24 \mapsto 44,\ 41 \mapsto 43 \mapsto 45,\ 46 \mapsto 44.$

B: $24 \mapsto 44,\ 36 \mapsto 34,\ 55 \mapsto 35,\ 25 \mapsto 45,\ 33 \mapsto 35,\ 53 \mapsto 33,\ 23 \mapsto 43,$
$56 \mapsto 36 \mapsto 34,\ 73 \mapsto 53,\ 65 \mapsto 63,\ 53 \mapsto 73,\ 51 \mapsto 53,\ 32 \mapsto 52,\ 53 \mapsto 51.$

Und für Experten noch eine Anregung:

SMS Eine zusätzliche gedankliche Färbung mit drei weiteren Farben,
nur diesmal von 'links unten nach rechts oben', liefert ergänzende
einschränkende Aussagen über mögliche Anfangs- und Endfelder!

Die Quadratur der Kreise

Schere und Papier Die Quadratur *des Kreises* ist bekanntlich unmöglich, also zu einem Kreis mit Zirkel und Lineal ein flächengleiches Quadrat zu konstruieren. Der mathematische Hintergrund ist die Transzendenz der Zahl Pi.

Keine Angst, mit alledem wollen wir uns hier nicht beschäftigen! Wir dürfen aber anschließend behaupten, sogar *zwei Kreise* in ein Quadrat verwandelt zu haben! Und das mit der Fläche interessiert ohnehin niemanden.

Erforderlich sind wieder nur Schere und Papier, sowie etwas zum Kleben oder Ähnliches. Bleiben Sie anschließend mit Ihrem Wissen nicht in Ihrem Lesezimmer, sondern gehen Sie auch an die Öffentlichkeit. Erfinden Sie eine Geschichte wie zu Seite 107. Als Anregung liefere ich Ihnen gern eine Vorlage!

Zahlen-Yoga Doch zuerst: um welche Figur handelt es sich in diesem Fall? Ich biete zwei Varianten und nenne sie in Yoga–Sprechweise:

Die verdrehte und die in sich gekehrte Acht.

Nehmen Sie wieder einen Streifen Papier

und kleben diesen zu einem Ring:

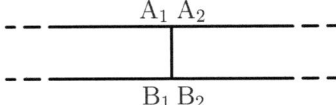

(Auf Seite 107 hieß dieses einfache Gebilde auch 'Zylinderband'.)

Nehmen Sie einen weiteren Streifen Papier und bilden einen zweiten Ring! Falls Sie nun beide Ringe aneinanderlegen und an der Verbindungsstelle zusammenkleben *würden,* erhielten Sie eine einfache Acht (seitlich gesehen):

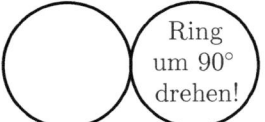

Stattdessen drehen Sie vor dem Zusammenkleben einen der beiden Ringe um 90°! (Die beiden Ringe stehen dadurch quer zueinander).

Ich bezeichne dieses recht einfache Gebilde gerne als die 'verdrehte Acht'.

Die Verwandlung Wenn Sie nun einen dieser beiden Ringe bzw. Streifen längs der Mittellinie aufschneiden, anschließend auch den zweiten Streifen, so werden Sie zwei wundersame Verwandlungen dieses Objekts erleben!

Ich schildere gleich genauer, was passiert, denn es ist wirklich bühnenreif! Für Mutige daher noch ein paar Hinweise, damit alles klappt. Für eine goldene Hochzeit wählte ich natürlich einen goldfarbenen Karton. Klebstoff allein hält die Verbindung der zwei Kreise aber nicht sicher genug zusammen!

Tackern Sie deshalb zusätzlich die Verbindung der beiden Kreise an mindestens vier Stellen so mit Heftklammern zusammen, dass Sie beide Streifen noch längs der Mitte durchschneiden können! Die (Quer-) Verbindung der beiden Ringe sähe dann ungefähr so aus:

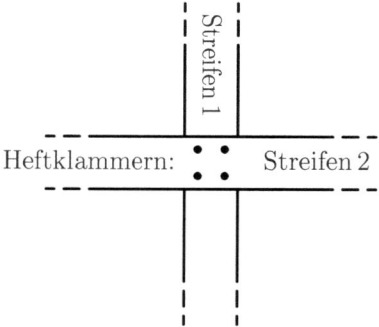

Als Abwandlung wähle ich gerne zwei verschieden lange Streifen, wodurch natürlich zwei verschieden große Ringe entstehen! Diese lassen sich nämlich nicht nur *aufeinander* zu einer 8, sondern auch *ineinander* zusammensetzen:

Die letztere Figur bezeichne ich gern als die 'in sich gekehrte Acht'. Welche der beiden Sie benutzen, ist am Ende unwichtig. Die in sich gekehrte Acht lässt sich wegen ihrer geringeren Größe auf jeden Fall leichter transportieren.

Der Kreisumfang sollte nämlich der Breite eines Doppelporträts entsprechen:

Die goldene Hochzeit „Liebes goldene Hochzeitspaar! Verehrte Gäste!
Wir haben euch zu diesem Fest etwas Ungewöhnliches mitgebracht, nämlich
'das Symbol der goldenen Hochzeit'. Hierzu möchten wir (meine Frau und ich)
euch beide bitten, zu uns nach vorne zu kommen. Fangen wir nun also an:

Zunächst einmal sollte ein gutes Symbol stets irgendwie zu erkennen geben,
was es symbolisieren soll. Das ist aber in diesem Fall ganz leicht zu erkennen:
Die goldgelbe Farbe, ein kleiner Ring und ein großer Ring, beide eng miteinander verbunden? Das deutet sofort auf die innige Verbindung zweier
ewig Liebender!

Dem Suchenden offenbart dieses geheimnisvolle Symbol aber noch weit mehr!
Dazu muss man nur, wie der Lateiner sagt, 'in medias res'. Wir nehmen das
wörtlich und schneiden nun einen der beiden Ringe längs der Mittellinie auf!"

Es empfiehlt sich, den *kleineren* Ring zu 'entzweien' (auch entlang der Klebe-
stelle!). Dieser bildet nun zwei Hälften, die durch einen breiten Streifen miteinander verbunden sind. Das Ganze erinnert an ein Paar Handschellen!
Stecken Sie also Ihre Hände durch die beiden Ringe, und sprechen Sie weiter:

„Ein wundersames Ergebnis, wir erkennen symbolisch ein Paar Handschellen!
Was wollen sie uns hier sagen, sind es die sogenannten 'Fesseln der Ehe'?
Wir wissen, die Versuchung lauert an jeder Ecke. Man kann ja allem wider-
stehen, nur nicht der Versuchung! Sogar bei Wilhelm Busch heißt es:
'Schön ist es auch anderswo, und *hier* bin ich sowieso.'

Aber wovon rede ich, ihr wart immer ein Fels in der Brandung des Lebens!
Und das seit fünfzig Jahren, das soll Euch erst einmal jemand nachmachen.
Unser Symbol wird deshalb ganz sicher noch etwas für Euch bereit halten!"

Schneiden Sie nun den verbliebenen Streifen mit den Ringen an den Enden
längs der Mittellinie durch. Das haben Sie natürlich vorher mit Ihrem Partner
an einem Probeexemplar geübt. Denn spätestens in diesem Moment muss er
helfend eingreifen: Die Handschellen zerfallen überraschend in ein Rechteck,
das Sie dann beide an den gegenüberliegenden Ecken wie einen *Bilderrahmen*
vor die erstaunt lächelnden Gesichter des Jubelpaares halten:

„Tatsächlich, es offenbart sich ein symbolischer Bilderrahmen für das Porträt
unseres Hochzeitspaares. Zücken Sie die Kameras! Und natürlich bitte zum
Schluss einen großen und dankbaren Applaus für unsere lieben Gastgeber!"

Die Kommentare vieler Gäste zum entstandenen Bilderrahmen:

Wie ist das möglich, vorher war doch alles rund?

Bevor ich vergesse, es zu erzählen

Bei einem Kriminalroman fiele es mir nicht schwer, ein passendes Ende zu finden, aber hier? Man hätte doch auch noch ...

Ein klares Jein „Nun antworte endlich mit einem klaren Ja oder Nein!" Haben Sie solche gestrengen Worte schon einmal von Ihren Eltern gehört?

Das erinnert mich an die Geschichte mit dem Richter, der sich über die ausweichenden Antworten des Angeklagten ärgerte und diesen endlich zu einem klaren Ja oder Nein aufforderte.

Der Angeklagte bat den Richter, ihm eine einzige Frage stellen zu dürfen. Unwillig gab der Richter nach. Der Angeklagte fragte ihn höflich lächelnd:

„Herr Richter, haben Sie aufgehört, Ihre Frau zu schlagen, Ja oder Nein?"

Das zeigt, zu welchen Verdrehungen die Sprache doch fähig ist. Da hat man schon verloren, bevor man antworten kann! So, als ob meine Frau mich fragt: „Fällt dir immer noch nichts an mir auf?" Jetzt nur keine weiteren Fehler, denn verloren habe ich schon - es hätte mir gefälligst früher auffallen müssen!

Die zwischenmenschliche Kommunikation ist leider viel raffinierter als die mathematische Logik. So wurde ein Beklagter in einem Beleidigungsprozess dazu verurteilt, seine Aussage › die Hälfte der Ratsmitglieder sind Idioten ‹ wieder zurückzunehmen. Seine Anzeige hatte daraufhin folgenden Wortlaut: › ... und erkläre hiermit ausdrücklich, dass die Hälfte der Ratsmitglieder keine Idioten sind! ‹ (Frage: Wie lautet eigentlich die korrekte Verneinung?)

Preisgeld 1 Million Dollar Eine interessante mathematische Vermutung:

Jede gerade Zahl größer als Zwei lässt sich auf mindestens
eine Art und Weise als Summe zweier Primzahlen darstellen.

Na, da schauen wir doch erst einmal nach:

$4 = 2+2, \quad 6 = 3+3, \quad 8 = 5+3, \quad 10 = 7+3 \quad (= 5+5), \quad 12 = 7+5$ usw. ?

Diese nach dem Mathematiker Christian Goldbach benannte Vermutung stammt aus dem Jahre 1742! Im Jahre 2000 wurde für den Beweis 1 Million Dollar geboten. Mathematiker beschäftigen sich heute nur noch selten mit Primzahlproblemen, aber das Geld hätte man doch gerne mitgenommen. Es blieb unangetastet, und auch bis heute kennt man weder einen Beweis dieser Vermutung, noch konnte man sie widerlegen!

Unvollständig Der Mathematiker Kurt F. Gödel (1906-1978) war einer der bedeutensten Logiker. Er war mit Albert Einstein befreundet und diskutierte zum Beispiel mit ihm über die Existenz der Zeit! Also mal wieder typisch Mathematiker, werden Sie vermutlich denken, aber von Gödel stammt auch einer der wichtigsten Sätze der Logik, der Gödelsche Unvollständigkeitssatz.

Wählen wir als Beispiel das System der natürlichen Zahlen 1, 2, 3, ... aufbauend auf dem Peanoschen Axiomensystem. Dann gibt es hier gemäß Gödel auch eine konkrete, mathematisch relevante Aussage, die man (mit den erststufigen Peanoaxiomen) *weder beweisen noch widerlegen kann.*

Geht es nicht genauer? Vergleichen Sie mit folgender einfachen Situation:

A

B

Wenn jemand einen Weg zeichnet, der die Punkte A und B verbindet, dann gibt es auf diesem Weg (mindestens) einen konkreten Schnittpunkt P mit der waagrechten Trennungslinie. Genaueres über P weiß man aber nicht! Auch bei der Gödelschen Aussage wird es wohl bei Vermutungen bleiben.

Einer meiner Lieblingskandidaten ist die Goldbachsche Vermutung! Natürlich nur, solange Sie mir diese nicht widerlegen oder beweisen. Oder zeigen Sie stattdessen, dass man sie weder beweisen noch widerlegen kann, das wäre natürlich noch sensationeller!

Vollständig Bevor ich vergesse, es zu erzählen. Da wäre noch die berühmte Sache mit den 'NP-vollständigen Problemen': Da Sie sicher gerne Rundreisen mit Bus, Bahn oder Kreuzfahrtschiff unternehmen, würde ich Sie erst einmal über das 'Problem des Handlungsreisenden' informieren. Dieser interessiert sich nämlich für die *kürzeste Rundreise* zwischen den zu besuchenden Orten!

Zusätzliche Information: Bei 5 Städten gibt es 'nur' 120 *mögliche Rundreisen,* bei 10 Städten sind es schon über 3 Millionen. Bei 50 Orten wächst deren Anzahl auf etwa 10^{64}, falls Sie mit dieser Zahl noch etwas anfangen können? Ein solches Anwachsen bereitet auch Supercomputern generell Probleme!

Um von vorne anzufangen, stellt sich die Frage: Sollte ich Ihnen nicht erst einmal den Unterschied zwischen 'entscheiden' und 'verifizieren' erklären?

Sie haben hoffentlich Verständnis,

dass ich diese Frage nun endlich mit einem klaren 'Nein' beantworte!

Doch bevor ich vergesse, es zu erzählen, da wäre auch noch die berühmte Fields–Medaille, eine Art Nobelpreis für Mathematik . . .

Ich höre aber jetzt endlich auf, vielleicht übernehmen Sie die Feder?

Es grüßt und grinst der Fehlerteufel

Seien Sie mutig Schreiben auch Sie ein Buch! Vielleicht kein Mathe-Buch wie dieses, wer liest das schon – offensichtlich sind Sie eine Ausnahme, aber wer denn noch? Berücksichtigen Sie die Wünsche und Träume der Leser! Wer träumt schon über Mathematik? Bei den meisten sind das Albträume.

Da sind Krimis eine viel besserer Sparte: Schildern Sie den perfekten Mord! Das würde auch mich interessieren. Ich hätte da schon heimlich eine Liste von 'Bevorzugten'! Auch Liebes- und Arztromane spielen mit den Gefühlen der Leser. Welcher Mann hätte nicht gerne bei der nächsten Erkältung eine liebende Krankenschwester am Bett? Und jede Frau verliebt sich ohne weitere Hintergedanken in das Gehalt eines Chefarztes.

Aber wahren Sie die Form! Vermeiden Sie zum Beispiel auch allzu viele *Tipp– und Rechtschreibfehler*. Bei so einem Roman sind Sie schnell bei 150 000 Wörtern, wenn nicht noch mehr! Grob geschätzt sind das vielleicht 365 Seiten, die da zusammenkommen.

Falls Sie täglich eine Seite schaffen, wäre Ihr Werk also nach einem Jahr abgeschlossen. Dabei wird Ihnen der ein oder andere kleine Fehler passieren, sagen wir mal **41** an der Zahl. Das würde bei einem Umfang von **365** Seiten noch nicht unangenehm auffallen.

Häufungen von Fehlern sollten Sie allerdings vermeiden! Durchschnittlich jede neunte Seite ein Fehler, das ist kaum der Rede wert. Aber *zwei Fehler* oder noch mehr auf *ein- und derselben Seite,* da rümpft man doch die Nase! Was schätzen Sie, wie wahrscheinlich könnte Ihnen hier so etwas passieren?

Um die Katze aus dem Sack zu lassen: Die Wahrscheinlichkeit, dass sich auf mindestens einer Seite zwei oder mehr Schreibfehler tummeln, beträgt **90 %**.

Natürlich unter der Vorraussetzung, dass Sie beim Schreiben immer gleich gut in Form sind, die 41 Fehler also *zufällig* verteilt sind. Hätten Sie aber auch ein paar schlechte Tage dazwischen, könnten sich allein dadurch die Schreibfehler häufen. Aber wozu soll man sich eigentlich noch anstrengen? Sie sind doch sowieso nicht weit von 100 % entfernt.

Da grüßt und grinst der Fehlerteufel! Er konnte hier 41 Kinder in die Welt setzen und deren 'Geburtstage' zufällig auf Ihre 365 Schaffenstage verteilen. Das Problem ist bestens untersucht! Sie finden es in der Literatur und im Internet als das 'Geburtstagsproblem' oder auch als 'Geburtstagsparadoxon'.

Das Geburtstagsparadoxon Zu einer Feier sind 23 Personen erschienen! Wie groß ist die Wahrscheinlichkeit, dass mindestens zwei dieser Personen am gleichen Tag Geburtstag haben (nicht unbedingt dasselbe Geburtsjahr)? Die Wahrscheinlichkeit hierfür beträgt in diesem Falle etwas mehr als 50 %. Bei **41** Teilnehmern sind es bereits **90 %** und bei 61 Personen sogar 99,5 %!

Die Berücksichtigung von Schalttagen ändert die Resultate nur unwesentlich. In der Realität sind die Geburtstermine auch nicht gleichmäßig verteilt, wodurch sich die errechneten Wahrscheinlichkeiten zumindest theoretisch wieder geringfügig erhöhen.

Warum empfindet man die genannten Wahrscheinlichkeiten als viel zu hoch? Es geht nur darum, dass *irgendein*(!) Geburtstag mehr als einmal vorkommt, also nicht ein ganz bestimmter Geburtstag, wie zum Beispiel der eigene!

Die Wahrscheinlichkeit, dass jemand am gleichen Tag wie man selbst Geburtstag hat, beträgt bei 23 Personen nur $1 - (\frac{364}{365})^{23} \approx 6\,\%$, bei 41 Personen sind es rund 11 %, und erst bei 253 Personen mehr als 50 %. Aber nun wieder zurück zum 'Original'.

Kollisionen Allgemein handelt es sich beim Geburtstagsparadoxon um ein sogenanntes Kollisionsproblem. Angenommen, Sie betreiben eine Dating–Agentur mit 365 Angeboten. Bei nur 23 Interessenten beträgt dann die Wahrscheinlichkeit, dass sich mehrere Kunden für dasselbe 'Angebot' interessieren, besagte 50 %, bei 41 Interessenten bereits 90 % ... Praktisch sind die Prozentzahlen noch höher, denn manche Angebote sind vermutlich besonders verlockend.

Formulieren wir es daher ganz unpersönlich: Zur Verfügung stehe ein *Würfel* oder *Zufallsgenerator* mit den gleichwahrscheinlichen Ergebnissen 1 bis 365: Sie betätigen das Gerät z.B. 23 mal. Dann beträgt die Wahrscheinlichkeit, dass sich *irgendein* Ergebnis (mindestens einmal) wiederholt, rund 50 %!

Natürlich gibt es solche Kollisionsprobleme auch mit anderen Zahlenwerten als ausgerechnet mit n = 365 und k = 23. Hier ein noch wenig bekanntes und ebenso überraschendes Zahlenbeispiel:

Lottoausspielung '6 aus 49' Es gibt rund $n = 14$ Millionen verschiedene Lottoziehungen. Sie entsprechen den möglichen Würfelergebnissen. Da pro Jahr rund 100 Lottoziehungen stattfinden, dauert es rund 140 Tausend Jahre, um diese 14 Millionen Möglichkeiten der Reihe nach alle durchzuspielen!

Es braucht aber nur rund 44 Jahre, damit sich mit einer Wahrscheinlichkeit von 50 % das Ergebnis einer Lottoziehung (mindestens) einmal wiederholt!

Tatsächlich wiederholte sich am 21. 6. 1995 die Ziehung vom 20. 12. 1986 (es waren die Zahlen 15-25-27-30-42-48. Die Lottoziehungen begannen am 9. Oktober 1955, zunächst nur jeden Samstag, ab 1982 auch mittwochs):

SMS $n \approx 14 \cdot 10^6$, Wahrscheinlichkeit P für *keine*(!) Wiederholung:

$$P = \frac{n}{n} \cdot \frac{n-1}{n} \cdot \frac{n-2}{n} \cdots \frac{n-(k-1)}{n} = 1 \cdot (1 - \frac{1}{n}) \cdot (1 - \frac{2}{n}) \cdots (1 - \frac{k-1}{n})$$

$$\ln P = \ln(1 - \frac{1}{n}) + \ln(1 - \frac{2}{n}) + \ldots + \ln(1 - \frac{k-1}{n}), \text{ Taylorentwicklung:}$$

$$\ln(1 - x) \approx -x, \quad \ln P \approx -\frac{1}{n} \cdot (1 + 2 + \ldots + (k-1)) = -\frac{1}{2n} \cdot k \cdot (k-1)$$

$$P \approx \frac{1}{2} \iff -\frac{1}{2n} \cdot k \cdot (k-1) \approx \ln \frac{1}{2}, \text{ Ergebnis: } k \approx 4400 \text{ (Ziehungen).}$$

Gott würfelt nicht Das sagte Albert Einstein zu den ersten Diskussionen über Quantenphänomene. Worauf Niels Bohr empört geantwortet haben soll:

„Hören Sie auf, Gott Vorschriften zu machen!"

Ich bin sehr gespannt, was im Himmel wirklich los ist! Möglicherweise spielt Gott vergnügt mit einem Quantencomputer? Vielleicht sind wir sogar ein Teil davon, und Gott plagt sich mit unserer andauernden Fehleranfälligkeit!

Man muss es gar nicht personifizieren. Betrachten wir die Natur allgemein, lässt sich nur lapidar feststellen: Die Natur würfelt, was das Zeug hält. Vielleicht ist sie sogar spielsüchtig? Jedenfalls war sie bisher sehr erfolgreich.

Nur ihre Erfindung des Menschen könnte ihr bald einige Probleme bereiten.

Jeder macht irgendwann einmal Fehler, das Buch der Natur hat viele Seiten!

Lassen Sie sich von so etwas nicht abschrecken. Schreiben auch Sie ein Buch. Keine Angst vor dem listigen Fehlerteufel. Bleiben Sie nur achtsam, so wie ich,

biz sum Schlus ∀

Nachwort oder Schmerz lass nach!

Neulich fragte mich mein Zahnarzt: „Was machen eigentlich Mathematiker? Plus und Mal sind doch schon erfunden!" Hierbei widmete er sich lächelnd der Wurzelbehandlung meines schmerzenden Zahnes. Er wusste nur zu gut, dass ich wehrlos war und Wurzeln anders zu behandeln pflegte als er.

Ich schätze ihn übrigens als Meister seines Faches und weiß natürlich genau, dass er mir nur humorvoll die Meinung vieler Mitbürger nahebringen wollte. Leider ist die folgend geschilderte Situation jedem Mathematiker vertraut:

„Was ergibt denn eigentlich ...?" und nun folgt irgendeine *Rechenaufgabe*! „Sie sind doch Mathematiker, *rechnen* Sie das schnell mal aus, ha, ha, ... " In solch einer Situation antworte ich gerne etwas nachdrücklich:

> *„Ich bin Mathematiker und kein Rechner!"*

Es wäre ja auch eine riesige Geldverschwendung, jemanden jahrelang zum 'Rechner' auszubilden, obwohl er nicht annähernd mit der Leistung eines üblichen Taschenrechners konkurrieren könnte!

Aber es waren Mathematiker, die zuletzt mit der Informatik ein riesiges Anwendungs- und Forschungsgebiet begründeten, wie schon zuvor mit der Wahrscheinlichkeitsrechnung, der Kryptografie, der Algebra, der Geometrie und Topologie, den gewöhnlichen und partiellen Differenzialgleichungen ...

Die Mathematik wird sicher auch in Zukunft für weiteren Nachwuchs sorgen!

Mathe macht Spaß, aber wer kann schon den ganzen Tag Spaß vertragen? Ich schon! Mir machte es sogar Spaß, dieses Buch zu schreiben.

Aber die schmerzvollste Frage lautet: *Mathematik, wozu braucht man das?*

Fragen Sie Ihren Arzt oder Apotheker – und beschweren Sie sich über Ihren Mathematikunterricht, da muss etwas falsch gelaufen sein! Stellen Sie nach der Lektüre dieses kleinen Buches bitte auch einmal die Gegenfrage:

> *Wozu braucht man eigentlich keine Mathematik?*

Rechnen Sie noch oder denken Sie schon – vielleicht hat Sie dieses Buch ein wenig nach'denklich' gemacht? Viele weitere Beispiele finden Sie auch bei R. Günttner: Damit muss man rechnen! ISBN 978-3-7557-5761-0.

> *Treffen wir uns dann im 'Himmel bei Wolke 7'?*

Osnabrück, 1. April 2023, Rüdiger Günttner.

Index